生活因阅读而精彩

生活因阅读而精彩

中国文脉系列

侠气敢横三尺剑

建安七子传

王张三 著

中國華僑出版社

图书在版编目(CIP)数据

侠气敢横三尺剑:建安七子传 / 王张三著. —北京:中国华侨出版社,2014.10

(中国文脉系列)

ISBN 978-7-5113-4932-3

Ⅰ. ①侠… Ⅱ. ①王… Ⅲ. ①建安七子-传记
Ⅳ. ①K825.6

中国版本图书馆 CIP 数据核字(2014)第227912 号

侠气敢横三尺剑:建安七子传

著　　者 / 王张三
责任编辑 / 棠　静
责任校对 / 高晓华
经　　销 / 新华书店
开　　本 / 787 毫米×1092 毫米　1/16　印张/16　字数/217 千字
印　　刷 / 北京军迪印刷有限责任公司
版　　次 / 2014 年 11 月第 1 版　2020 年 5 月第 2 次印刷
书　　号 / ISBN 978-7-5113-4932-3
定　　价 / 60.00 元

中国华侨出版社　北京市朝阳区静安里 26 号通成达大厦 3 层　邮编:100028
法律顾问:陈鹰律师事务所
编辑部:(010)64443056　64443979
发行部:(010)64443051　传真:(010)64439708
网址:www.oveaschin.com
E-mail:oveaschin@sina.com

前言

建安文学在中国古代文学史中占有相当重要的地位。其发端来自儒学的衰微，从其形成背景来看，国家处于常年的战乱、礼崩乐坏、无人统一思想领域都是促成这一时期文学形成的重要原因。在这样一个基本没有思想约束的时代，大批文学家摆脱儒家经学的束缚，思想开始解放，创作出诸多不朽的名篇。这些作品或抒发个性，或反映现实，或同情百姓疾苦，共同描绘出一幅建安文学的美好画卷。

说起建安文学，就不得不提“三曹”和“建安七子”。就一定范围来讲，建安文学就是“三曹”和“建安七子”作品的汇集。“三曹”领风气之先，开启了这场文学盛事，而真正进行自由创作的，也亦有“建安七子”。孔融之刚直不阿、自傲立世，陈琳之千古文章、壮有骨鲠，王粲之博闻强识，徐干之辞义典雅，阮瑀之俊才，应玚之凄凄，刘桢之乖人易感，基本确立了“建安风骨”这一文学风格。因此，为“建安七子”写一本传记是特别有意义的事情。

本书未写之时，想想建安时期这些文士的事迹几乎如数家珍，成书自无甚难度。但真正书写之时，我才意识到要写成“建安七子”这本传记并非易事。除了孔融的资料稍稍多些外，其他六位文学家的事迹散落在《后汉书》或《三国志》等史籍中，寥寥几百字而已。所以，为了圆满完成这本书的写作，我不得不进行长时间的搜集、甄别和整理工作。

“建安七子”之说，始于曹丕的《典论·论文》，故本书的目录中七人的排列次序与《典论·论文》中的顺序保持一致（即孔融、陈琳、王粲、徐干、阮瑀、应玚、刘桢），这也是当下研究或书写七子的作品所惯用的排序。在每一章，主要按照时间顺序对文学家的一生做较为详细的叙述，而后对其著作及其写作特点进行简要的评析，这也是这本书较为突出的特点。

由于时间的关系和个人的水平所限，书中难免会存有纰漏，在此恳请广大读者多多指正，以便本书进一步完善。

目录

Contents

第一章

昂昂累世士：孔门之后，刚直不阿——孔融

相信孔融让梨的故事大家都耳熟能详，但是作为孔门之后，“让梨”只是孔融生命中的一件小事。在关乎国家、民族的事业上，孔融做出了卓越的努力。不管是讨董卓、投曹操，还是不畏权贵，孔融体气高妙，刚正不阿，值得每一个人学习。

第一节

四岁让梨，少有异才

东汉末年很普通的一天，当傍晚的暮光快要吞噬残留的夕阳余晖时，太山都尉孔宙听到从书房传来琅琅的读书声，他感到短暂的知足。在这乱世中生存，真的不是一件容易的事情。他枉为孔子的第 19 世孙，却无力实现圣人的遗志。他出生的时候正是汉和帝在位期间，而今他已经是 7 个孩子的父亲，东汉也在这短短的 30 多年的时间里，先后更换了 6 位皇帝，而且基本上无一例外都是儿皇帝。如今这个桓帝，即位的时候也不过 15 岁，现在已经过去了 11 年，桓帝依然在位，这到底是幸运还是不幸呢？孔宙禁不住叹了一口气。

妻子走到丈夫孔宙的身边，安慰道："如今夫君已经平复了泰山的动乱，老百姓们个个都称赞你，你为何还愁眉不展呢？"

"没有什么。你好好照顾孩子便是。妇道人家，不要妄议政事。"

妻子当然了解孔宙心中的烦闷，外戚梁氏一族专权，朝廷又陷入了混乱不堪的恶性循环，而皇帝又无所作为，终日沉迷女色之中。任何一个有担当的为官之人都会为此寝食难安的。多年的相濡以沫让这个贤惠妇女只是希望能够担当一个倾听者。

她摇摇头，想到刚刚老百姓特意送过来的新鲜梨子，便叫下人叫儿子们来吃梨。

4 岁的孔融正在书房里诵读《孝经》，他是机灵的小孩，深得父母的喜爱。他们几个兄弟的关系也和谐融洽。

母亲要孔融分梨给兄弟们，他当仁不让，按照长幼顺序，依次给兄弟们分了梨，最后只剩下一个最小的梨子，他留给了自己。孔宙问道："为什么分给自己最小的梨呢？"

孔融回答道："长幼有序，我应该尊敬兄长。"

"那弟弟还比你小呢？"

"弟弟年幼，我更应该爱护弟弟才对。"

孔宙夫妇听到自己 4 岁的孩子能说出这样的道理来，感到非常欣慰。他们一家一向以身为孔子的后人而自豪，因此对孩子的管教也格外严苛，这才能不辱没先人的圣名。孔融的做法恰恰证明了他们教育的成功。孔宙夫妇自此更加喜爱聪明伶俐的孔融，而街坊邻里也一向称颂孔融诸兄弟的懂礼守节。

到了孔融 10 岁那年，孔宙因有公事要到京师洛阳拜访当时的名士李膺，从未出过家门的孔融随父前往。孔融早就听父亲提起过这个李膺，为人严明刚正，甚至连侵犯边境的鲜卑人都害怕他，因为李膺抵达边境后，他们归还了掠夺的财物。孔融自小在儒家经典的熏陶中长大，对圣贤之人素来敬仰，而李膺无疑挑起了他的好奇心。

"父亲，这个李大人既然那么厉害，为什么不把皇帝身边的坏人打跑呢？"

孔宙没想到儿子小小年纪，居然也对朝纲之事如此关注，不禁笑道："李大人也在努力，只是坏人太多了，要慢慢来。"

父子二人到了李膺的府邸，只见大门紧闭，不像是要让他们进去的样子。孔融就问父亲："待客之道，应当如此吗？"

“这个李大人只接待自己的朋友，而我们于他而言是陌生人，所以才会如此，并非有意怠慢。”

孔融眼见着父亲上前亲自叩门，交给门童一张书函，孔融知道那定是父亲所书的请求求见的因由。半个时辰后，门童交给父亲一封信，父亲亲启，读罢，喜形于色。

孔融因而更加好奇这个李膺究竟是何方神圣，能叫父亲这样的人也如此崇拜。在孔融眼中，父亲孔宙就是一个了不起的人，是他从小学习的榜样。他于是走到门童的面前，说道：“我是李伯父世交的儿子，特来京都探望他。”

门童一听，也不敢怠慢，只得引领孔融进了厅堂，端上了茶点，便去通报李膺了。李膺素来对待人亲厚，听闻是世交之子拜访，便放下手中的公文，来到了厅堂。见眼前的是一个黄毛小儿，得知是客人孔宙那个有点名气的儿子时，便故意问道：“我与你父亲有何交情呢？为何我从未见过你。”

孔融看到眼前的这个中年男子，确实是气度不凡、温文尔雅，不假思索说道：“我的祖上孔子和您的祖上老子曾经是师徒关系，所以我们两家也算是世交了。”

在场的人都感到很吃惊，李膺自问也是阅人无数，却从未见过如此机灵的孩子，遂点头称赞。

这时，李膺的一个朋友太中大夫陈韪进来了，有人便告诉他孔融是如何的聪颖。谁知道这个陈韪当着孔融的面说道：“小的时候的聪明不过是口舌之辩，长大了未必就是一个饱学多识之人。”

孔融丝毫不感到尴尬，大胆回应道：“想必您小的时候一定是很聪明的人了。”

陈韪没想到一个小孩能如此巧辩，顿时哑口无言。之前从未被一个小孩子这样抢白，他感到很尴尬。

李膺大笑道：“果然是个聪明人，以后必有一番建树啊！”

李膺随后便就文史典籍考了孔融，却都难不倒这个 10 岁的小孩。孔融出口成章，各家点评做得恰到好处，很有见地。就连刚刚讽刺孔融的陈韪都对他夸赞有加。孔融在这里度过了愉快的一个时辰，想到门外还有等待的父亲，便辞别了李膺。

忧心忡忡的孔宙见到被李膺送出府邸的儿子，赶紧作揖致歉：“小儿少不更事，请李大人见谅。”

李膺微笑道：“你有一个优秀的儿子。”

经过这次，孔融更是声名远扬，在当地享有更高的知名度。作为孔子的第 20 代子孙，他自小就活在被众人仰视的光芒中，这也造就了他高洁孤傲的个性，但同时，也为他日后的灾祸埋下了隐患。

第二节 争相抵罪，声名远播

孔融13岁时，父亲孔宙过世，年幼的孔融非常悲痛，他在父亲的灵前长时间地失声痛哭，由于悲伤过度，竟不能独自站起来。乡里的人们知道了这个事情，都感慨地说，孔融真是个孝顺的孩子。

孔融生活的时代，正是东汉王朝的末期，此时宦官、外戚两派交替专权，党同伐异。中常侍侯览因参与谋划翦除专权的外戚梁冀有功，被进封为高乡侯。而后，侯览因为特别善于逢迎之事而更加获得皇帝信任，他借助皇帝的信任贪赃枉法，他的亲眷也借助侯览的淫威而危害乡里。

其兄侯参凭借侯览的关系而做了益州刺史，但侯参在任上先是故意罗织各种重罪罪名诬陷郡中富裕的人家，把他们以各种方式折磨致死。然后没收他们的财物，占为己有，以此占据的家财竟有数亿计之多。后来，侯览的母亲去世，侯览为其母大肆修建陵墓，抢占他人多处田地和住所。当地的督邮张俭把侯览抢夺他人宅第381所、田地118顷，掠夺多名良家女子为妾的种种劣迹上报给汉桓帝，请汉桓帝将其处死。而侯览却趁机把张俭的这些奏折在中途截留，使奏折无法上报桓帝。为此，侯览对张俭怀恨在心，必欲除之而后快。

这时，张俭的同乡人朱并与张俭不和，便上书诬告张俭与同乡24人共为部党，诽谤朝廷，疑乱风俗。借助这个机会，侯览诬陷张俭为党人。听闻这个消息桓帝大怒，下命逮捕张俭。张俭得知消息，赶紧逃命去了。

张俭和孔融的哥哥孔褒是故交，于是他先逃到了孔褒的家中。恰巧孔褒不在家，孔融接待了他。当时孔融只有16岁，张俭见他太年轻了，便没将自己的处境告诉他。倒是孔融见张俭神色慌张、穿着窘迫，就问："先生有什么事需要兄长帮忙吗？"张俭不答。孔融见张俭无应答，又说："先生既是找兄长，兄长外出未归，我就权且代兄长之职作为东道主来招待先生吧！"便要留张俭在家里居住。听了孔融的话，张俭感到他说话办事非常可靠，顿时觉得心里非常踏实，便留在了孔融的家里。在孔融家躲藏了几天后，张俭找了个机会又逃到了外地。

有人得知张俭藏匿在孔融家，便向官府告发。

官府派人到孔融家捉拿张俭。结果没捉到张俭，官府的人非常十分生气，就把孔融和他的哥哥孔褒抓了起来。抓捕张俭的官吏质问孔融和哥哥孔褒："你们到底是谁放走了张俭？你们可知，张俭乃朝廷通缉要犯，放他走就犯了要杀头的重罪？"

孔融和孔褒怎能不知道私藏朝廷钦犯是杀头的重罪呢？但张俭是世人称颂的名士，他是被诬陷而被迫逃亡的。张俭被通缉后，许多人为收留他而家破人亡也心甘情愿。而孔褒和张俭更是好友，更觉得为这位正直的人提供庇护责无旁贷。想到这里，孔融便说："大人，藏匿张俭的是我，若要治罪，就请治我的罪吧！"

听弟弟这么说，孔褒赶紧说："大人不要听一个少年的戏言。众人皆知张俭是我好友，张俭是投奔我来，让他在家中小住的也是我。如果请一个友人在家中小住也算罪的话，请大人治罪吧！"

没等到官吏说什么，孔融抢话道：“张俭是兄长好友不假，可兄长刚从外地回来，连张俭的面都没见过，哪有藏匿的事？大人，张俭是我收留的，放他走的人也是我，请治我的罪吧！”

孔褒知道弟弟这么说，是替自己揽罪，不由得心里感动，但还是力争道：“弟弟休得多言！大人，张俭确实是我收留的，与其他人无关，请治我一人之罪！”

官吏见兄弟二人争执不下，一时拿不定主意，就问二人的母亲该如何是好。孔母说：“我们家是长者要为家事承担责任，现在不管是兄弟二人谁有罪，这罪责都应该算在我的身上！请大人治我的罪，放了这两个孩子吧。”听了孔氏夫人的话，官吏更是拿不定主意，便决定将孔氏兄弟二人收押，等汇报上级再做定夺。孔氏兄弟藏匿钦犯张俭的公文逐层上报，到了皇帝那里，皇帝批示：处死孔褒，这个案子才算结束。虽然孔褒牺牲了，但是，孔氏一门争先赴难的事迹却被越来越多的百姓称颂。大家都称赞孔氏兄弟的高风亮节，而孔融的贤名更是与当时的名士平原郡的陶丘洪以及陈留郡的边让齐名。后来，州郡官吏听闻他的大名，都请孔融去做官，都被孔融拒绝了。

第三节 才疏意广，城池陷落

后来，孔融受司徒杨赐的征召而为官。当时，年轻的孔融意气风发，准备干出一番大事，期待再次彰显先祖孔圣人的名声。孔融知道百姓多对贪腐厌恨，所以决定暗中察访官僚中的贪污之人，等掌握罪证，汇报上级将这些人贬谪罢免。调查一番后，孔融发现被检举最多的居然是京中宦官的亲族，但他毅然将这些材料汇报给上级。当时的尚书害怕孔融这些检举材料得罪了皇帝的宠臣宦官，就召来孔融，并对他诘问和斥责。可是，没想到，孔融拿出检举材料，有理有据地陈述这些官员的罪恶，毫不退让，让尚书一时间手足无措。

当时，河南尹何进当迁为大将军，杨赐派遣孔融带着名片去祝贺何进。到了何进府上，那门子没有及时地通报孔融的来访，孔融认为是那门子看不起自己，就把拜谒的名片夺回去，然后回去了。河南尹的官属们认为孔融的做法太无礼了，让何进丢了面子，便想派剑客去刺杀孔融。这时，何进身边的谋士对何进说："大将军，孔文举（孔融）杀不得！"

何进问："为何杀不得？"

那人回答说："孔文举乃孔子 20 世孙，其七世祖孔霸曾为元帝的老师，官至侍中。幼时，文举便以让梨而名闻乡间。过了弱冠之年，孔融与其兄孔褒为了张俭争先赴死又赢得贤名。现在天下谁不知道孔文举的贤名？若大将军杀了此人，那四方贤良之士便不敢投奔将军，将军将无人可用。依在下之见，与其杀之，不如以礼待他，好让天下都知道我大将军胸怀广大、求贤若渴。”

何进听了那人的话，点点头，说道：“先生言之有理。”在升任大将军后，何进便将孔融征召为侍御史。孔融在侍御史任上干了一段时间后，因为和中丞赵舍不和，没多久便托病回家去了。

再后来，孔融又被辟为司空椽，拜中军侯，迁虎贲中郎将。这个时候。正是董卓乱政之时。

公元 189 年（汉灵帝中平六年），汉灵帝驾崩，少帝刘辩继位。由于少帝年幼不能亲政，暂时由何太后临朝主政。面对少主，宦官和外戚为了把持朝政，展开了明争暗斗。在权力的诱惑下，宦官和外戚不惜采用一切手段，欲置对方于死地。当时已是大将军的何进为少帝的舅舅、何太后兄弟，自灵帝死后，他就与司隶校尉袁绍商议诛杀张让等宦官。为了获得支援，大将军何进以圣旨名义召远在西凉的董卓进京讨伐张让。董卓接到圣旨，以“逐君侧之恶”为名连日引军进京。

可当董卓进京后，何进先在与宦官的争斗中被杀，张让等人在虎贲中郎将袁术的追击下劫持少帝刘辩和陈留王刘协匆忙逃出皇宫。董卓听闻少帝在北邙，忙带兵寻找，果然找到少帝与陈留王。后来，董卓把少帝和陈留王奉迎至皇宫，挟天子以令诸侯，开始把持朝政。在董卓稳握中央政权之后，他开始谋划另立陈留王为皇帝，便找了个机会对朝中大臣们说：“吾观少帝愚昧而懦弱，上不能敬奉宗庙，下不能拯救黎民百姓，已没有资格再担任天下的君主了。为汉室江山着想，我想效法伊尹放太甲、霍光废昌邑的之事，废掉少帝，改立陈留王为天子！”朝中百官，慑于董卓的淫威都不敢发作。果然，没多久，董卓就废掉了少帝，将少帝贬为弘农王，而另立陈留王刘协为皇帝，陈留王就是汉献帝。不久，董卓又借故杀死少帝弘农王刘辩，又毒死何太后，自此汉室江山政令皆出于董卓之口。拥立献帝之后，董卓把自己升迁为太尉，掌管全国政要，后又将自己封为郡侯，拜国相，跃居三公之首，掌宰相权，跋扈至极。

孔融升虎贲中郎将后，董卓已经废了少帝立了献帝。孔融每次上朝都会直言，在朝上指出并纠正董卓不对的地方，董卓对此非常恼怒。没多久，孔融就被调任为议郎。

当时，汉室江山已经垂危，朝中有董卓把持朝政肆意妄为，朝外有黄巾军举事侵犯各州。北海是黄巾军进攻得最厉害的地方，需要人去主持抵御黄巾军之侵扰。董卓这时想起来孔融，他早就对孔融不满，刚好借助黄巾军作乱的机会，示意三府同举孔融做北海相。是年孔融 38 岁。

孔融一到北海，就召集起当地的丁壮训战练兵，并写下檄文准备迎敌。另一方面，他自己又写书札派人送给邻近州郡，以为呼应。没过多久，黄巾军将领张饶等人率 20 多万大军从冀州来，孔融带领北海的兵士迎战，但因寡不敌众而被张饶击败。孔融大败，只好收集四散的士兵，后退至朱虚县防守。过了段时间，孔融在朱虚又渐渐汇集到被黄巾军冲散的官吏和百姓男女 4 万多人。于是，孔融又设置城邑、兴办学校、表扬那些尊崇儒家思想的人，并向朝廷推举了郑玄、彭璆、邴原等贤良。郡里的甄子然、临孝存等人，都是当时知名的儒士，但都早已亡故。孔融听说知道这些人已经故去，“恨不及之”，无奈之下命人在祠堂给他们供奉食物，让这些名士的灵魂享受到人间香火。郡里其他的人，只要是有微小的善行的，孔融没有不以礼对待的。此外，郡里人无后代和四方游士在北海死亡的，孔融都备棺殓葬。

孔融知道经学大师郑玄在北海，就亲自到郑玄府上拜会。拜会完郑玄后，孔融将郑玄之子郑益恩举为孝廉。然后，他以北海相的名义宣布，在北海选一个乡改名为“郑公乡”。不仅如此，孔融亲自拟定了一份文稿，宣布“郑公乡”的意义。在这份文稿中，孔融写道：“昔日，齐国设置‘士乡’，越国设置‘君子军’，这都是崇尚贤德的意思。郑君玄好学而怀明德，就是我们要崇尚的贤德。昔日太史公、廷尉吴公、谒者仆射邓公，都是我汉朝的名臣。又有南山‘四皓’，包括园公、夏黄公、潜光隐耀、世嘉其高，这些人都被称为‘公’。然而被称为‘公’的人，都要有仁德之正号，不必非得是三事大夫。所以，郑君所居之乡合适叫‘郑公乡’。以郑公的德行，哪能没有供郑公四匹牡马驱驰的道路？所以，我们要开门衢，令容高车，号为‘通德门’。”孔融的这些举措不但让郑玄非常感动，也获得了老百姓的称赞。

平静的日子没过多久，黄巾军又来侵扰孔融所在的郡县。孔融吸取了上次寡不敌众不宜直接迎战的教训，只好驻都昌县，但还是被黄巾军将领管亥所围。郑玄知道孔融被围后，立刻派自己的独子郑益恩到都昌县救援。令人惋惜的是，在交战中，郑益恩不幸被敌军所杀，殒身战场。

随着战事的进行，孔融的情况越来越危及，慌乱之下他大喝道：“谁能制敌？谁人能出城去请平原刘使君解我都昌县之急？”一个洪亮的声音从角落响起：“在下太史慈愿意一试！”

太史慈，字子义，是当时一个有名的武将，由于得罪仇家而去辽东避难。当孔融知道太史慈还有个老母在家无人照料时，就经常派人去看望并照料太史慈的母亲，并送上礼物作为致意。孔融被困于都昌时，太史慈刚从辽东回家。母亲一见他就说：“儿啊，虽然你不认识孔北海（孔融），但是，自从你外出避难后，他就时常派人来照顾我的起居，并给我馈赠礼品。他的作为，比起我们的旧时的那些亲戚，那真是有过之而无不及啊！我听说他现在被黄巾军围困在那都昌城，你应该即刻起身去营救他！”于是她就催着太史慈去救孔融。太史慈许久未见母亲，仅仅在家照顾了三天母亲，就独自快马加鞭向都昌而行。

由于当时黄巾军正在围攻都昌，白天根本没有机会进城。太史慈只得等到晚上黄巾军停止进攻的间隙，冲入重围到达都昌城里见孔融，并要求他出兵迎敌。可孔融怕重蹈北海覆辙，不愿出兵，只想等待救援。见孔融不愿出城，太史慈只好留在都昌城内。

谁知，孔融等着，外援没到，敌人的攻势却越来越凶。万般无奈之下孔融才大喊道："谁人能出城去请平原刘使君解我都昌县之急?"见太史慈应答，孔融便说："现在贼人围城一天比一天紧，大家都难以突出贼人的重重包围。我知道你是个有本事的人物，但凭你一人想突破这包围，恐怕也太难了吧?"

太史慈回答说："前些时日，我外出之时承蒙府君倾情照料家母，家母非常感激府君的恩遇，才派我在这危急之时杀入城内来相助府君之急。我能突破重围杀入城内，我就必能杀出重围帮助府君。现在大家都在说不可能突围出去，如果现在我也说不可以，这样岂不是辜负了府君的爱顾之情谊和家母的重托？现在情势已经非常危急，希望府君不要迟疑，派我去吧！"听太史慈这么说，孔融才同意让他出城。

于是，这天太史慈饱餐了一顿，然后包裹严实，等到天亮起来后，就带上箭囊，挟弓上马，他带着两匹马，那两匹马上各撑了一个箭靶，一起随太史慈他了城门。城门一开，城外的敌兵非常惊异，赶紧列队防备。但太史慈只是把两匹马引到城壕边，插好箭靶，便开始练习骑射。他练完骑射便进城了。到了第二天，太史慈还是像昨天一样练习射箭之术。这时的敌人，有的站起戒备，有的躺下来不管，于是太史慈练习完毕，就再入门回城。到了第三天，太史慈仍然和前两天一样，开始练习射箭，但敌人再也没有防备他的意思。太史慈见机会来了，便快马加鞭直突重围飞顾驰而去。等到敌人们察觉，太史慈早已越过了重围，只见他回头取弓箭接连射杀数人。那些人都应弦而倒，一时间的没人敢去追赶。

太史慈冲出重围没多久，就到达了平原血缘。到了平原郡，太史慈对刘备说："刘使君，我乃东莱人太史慈。与孔北海虽然没有骨肉血缘关系，和他也不是同乡好友，只是因为我们相互知道对方的名声而意气相投，所以便和他有分灾共患的情义。现在黄巾军余孽管亥暴乱，围困北海都昌城多日，北海孤立无援，已是危在旦夕。我与孔北海久闻使君有仁义之名，能救人于危难之中。因此，数万都昌百姓正待使君相助。今日慈甘冒刀刃之险，不顾生死，突出重围，从万死之中托孔北海之言于使君，唯望使君发兵救我北海百姓。"

刘备听了太史慈的话，非常高兴地说道："孔北海也知道世间有我刘备吗?"就立刻派遣三千精兵随太史慈去解都昌之危。谁知，那管亥得知太史慈率领援军快要到了，就带着手下的兵士逃走了。管亥逃走了，孔融和都昌城都得以保全，他高兴地握住太史慈的手说："你真是我的好友啊。"都昌之围得以解决，太史慈回家将这件事情告诉母亲。母亲高兴地说："我非常庆幸我儿得以报答孔北海啊!"

第四节 兵讨董卓，杀左承祖

公元189年（汉灵帝中平六年）九月，董卓废了少帝立了献帝，并自立为相国，又自称“贵无上”，对洛阳的贵戚进行残暴的统治。当时，董卓放纵自己手下的士兵对洛阳贵戚宗室进行了疯狂的抢掠，并淫掠百姓家的妇女，抢来的金帛财产被称为“搜牢”。董卓的种种暴行，不仅引起了官僚士大夫们的极度愤恨，甚至连他自己关东牧守也奋起反抗董卓的残暴统治。此时，各地讨伐董卓的消息不断传到洛阳来。当时，最具号召力领头来讨伐董卓的无疑是官家出身的袁绍袁本初。袁氏一门，四世三公，门客遍布天下不说，袁绍曾因董卓废少帝而立新皇帝而与之决裂，后逃往渤海。董卓顺势封袁绍为渤海太守，受冀州牧韩馥节制。

韩馥见天下人心皆归附袁绍，担心袁氏势力壮大后会来对付自己。所以他故意派遣了几个部郡到渤海郡监视袁绍，限制袁绍的活动。这个时候，东郡太守桥瑁以朝中三公的名义假作文书发给各州郡，文书中历数董卓罪状，说他们受董卓的威逼，处境非常危险。他们现在根本无力自救，翘首以盼天下的义兵来洛阳消除这国家灾难。韩馥自然接到了这份文书，于是召集部属来商议对策。期间，韩馥问下属说："方今天下大乱，我们应当兴兵助袁氏呢，还是助董氏？"

韩馥的话刚问完，治中从事刘子惠便接过话毫不客气地喝道："兴兵为的是国家，怎么能说什么是为他袁氏、董氏呢？"韩馥听了刘子惠的话，不知道怎么回答，非常惭愧。于是，韩馥迫于形势，不敢再阻拦袁绍，反而给袁绍写信，表示支持他起兵讨伐董卓。

与此同时，身在洛阳的曹操见董卓倒行逆施，再也不愿与董卓为伍，便改姓易名逃出洛阳，来到陈留。到陈留后，曹操散尽家财，招募义兵，首先举起大旗号召天下英雄讨伐董卓。

一时间，包括北海太守孔融、后将军南阳太守袁术、冀州刺史韩馥、豫州刺史孔伷、兖州刺史刘岱、河内郡太守王匡、陈郡太守张邈、东郡太守桥瑁、山阳太守袁遗、济北相鲍信、广陵太守张超、北平太守公孙瓒、上党太守张杨、乌程侯长沙太守孙坚、西凉太守马腾、徐州刺史陶谦的十八路诸侯都举起讨伐董卓的旗号，向洛阳进发，这一年，为公元 190 年（汉南大帝初平元年）。

"蛇无头不行，鸟无翼不飚"，为了名正言顺，也为了战事协同，大家推举袁绍为盟主。于是，袁绍自号车骑将军，和河内郡太守王匡屯于河内，令韩馥留邺，供给军粮。袁绍令豫州刺史孔伷屯颍川，兖州刺史刘岱、陈留太守张邈、广陵太守张超、东郡太守桥瑁、山阳太守袁遗、济北相鲍信与曹操屯于酸枣，并令后将军南阳太守袁术屯鲁阳，各有军队数万，大战一触即发。

听闻十八路诸侯前来讨伐，董卓无奈下决定迁都长安，以避联军锋芒。在与满朝文武百官的会议中，董卓提出迁都长安一事。没想到司徒杨彪为了百姓的生计，坚决反对迁都。而太尉黄琬等人也附议杨彪，这令董卓非常愤怒。后经司空荀爽调解才消去怒气，但董卓最终还是决定迁都长安。

公元 190 年（汉献帝初平元年）二月，董卓胁迫汉献帝迁都长安。在迁都时，董卓为了不给联军留下资助，便命人焚毁宫室，并残忍地挖开王陵，疯狂地劫掠洛阳百姓的财物，致使洛阳方圆两百里原本热闹的街道瞬时荒芜凋敝，无复人烟。而联军也惧怕董卓精锐的凉州军的战斗力，竟没有人敢向关西推进去追董卓，全都屯兵酸枣一带。除了惧怕董卓精锐的凉州军的战斗力，十八路诸侯联军外表看起来非常团结，其实各州郡的长官都各怀异心。他们不去追赶，都是为了保存自己的实力。这样，酸枣驻军的将领们每日大摆酒宴，谁也不肯去和董卓的军队进行交锋。

这时，曹操主张趁机与董卓决战。他说："董贼焚烧宫室，劫持天子，海内震动，若不与之决战，愧对汉臣身份！"见无人响应，自己遂独自引军西进追击董卓。曹操引军行至荥阳汴水时，与董卓派来断后的大将徐荣发生激战。但因为寡不敌众，曹操被打败，不但随行士卒死伤过半，自己也被流矢所伤。幸得堂弟曹洪搭救，才幸免于难。曹操带着残兵回到酸枣后，再次建议各路将领各据要地，再分兵西入武关，围困董卓。但这些将领们怕像曹操一样折损自己的势力，谁也不愿这样。不久，联军之间也发生摩擦，内部相互火并，没过几天便作鸟兽散了。

公元191年（汉献帝初平二年），曹操在东郡大败于毒、白绕、眭固、於扶罗等，袁绍表其为东郡太守。192年（汉南大帝初平三年），黄巾军连破兖州郡县，斩兖州刺史刘岱。济北相鲍信等人迎曹操出任兖州牧。曹操和鲍信合军进攻黄巾军，后鲍信被黄巾军所斩，曹操将黄巾军击败，获降卒30余万，人口百余万，势力获得极大发展。

公元191年（汉献帝初平二年），韩馥的部将麴义反叛，韩馥讨伐不利。在这个时候，公孙瓒也发兵，南袭冀州，韩馥再败。此时，袁绍的说客高干、荀谌趁机到邺城游说韩馥，令其把冀州让给袁氏。袁氏得到冀州以后，势力开始快速发展。此外，他任用许攸、逢纪、荀谌等人为谋士，很快成为割据一方的诸侯。

公元192年（汉献帝初平三年）四月，在司徒王允、尚书仆射士孙瑞和董卓的亲信吕布等人的共同密谋之下，董卓被诛杀。满朝文武、士兵欢呼雀跃，连长安的老百姓都高兴得在大街小巷载歌载舞庆祝。董卓死后，凉州军余部由李傕、郭汜等董卓旧部掌控。一个月后，长安被李傕攻破。天下形势越来越乱。

这时身在北海的孔融没有依附任何人。孔融部下治中左承祖，为清俊之士，他劝孔融说：“方今之形势，袁、曹强盛，天下诸侯不依附于袁氏，便是投靠了曹氏。大人身居北海，为图自存，应该或者依附于袁绍，或者投奔曹操，这样才会有更多发展机会。”

听了左承祖的话，孔融大怒，骂道：“你这奸诈投机之人知道什么？袁绍、曹操势力很强盛，可他们名为国之栋梁，实为汉贼，最终都会篡夺汉室江山！我若依附他们，那岂不是也和他们一样成了汉室江山的窃贼？”说完，竟一怒之下把左承祖给杀了。

孔融自以为有高尚的气节、平定国家的危难的宏图大志，便可有一番大作为，但是因为他才气疏阔，思想又空乏，所以在北海郡6年，终究没有实现自己的伟大抱负。在郡6年后，刘备上表朝廷，举荐孔融兼任青州刺史。

公元196年（汉献帝建安元年），曹操解救了在危难之中的汉献帝。汉献帝封曹操为司隶校尉，录尚书事。这年，汉朝都城由长安迁到了许昌。十一月，汉献帝封司隶校尉曹操为司空，行车骑将军事。同年，孔融遭到了袁谭的攻击，自这年春天到夏季，他一直疲于迎战，最后孔融的兵士仅仅剩下几百人。流矢像雨一样向他射来，但孔融还是坐在凭几上镇定地读书，谈笑自若，好像什么事情也没发生一样。到了晚上，城门终于被攻陷，孔融这才逃往山东，他的妻子和孩子皆被袁谭所掳。

汉献帝迁都许昌后没多久，就征召逃亡的孔融为将，后升少府。每逢朝会汉献帝访问召对之时，孔融常是那个立说倡议的人，而其他的公卿大夫们都只不过是挂个名而已。

当初，公元 192 年（汉献帝初平三年）时，原董卓部将李傕、郭汜等人攻陷长安，杀死主政的司徒王允并把持了朝政。这年，经学大师马融之族子马日磾转任太傅，并录尚书事。一个月后，太傅马日磾与太仆赵岐持天子符节安抚天下，便顺道拜授给袁术左将军、阳翟侯的官位及封号。马日磾到达袁术控制的寿春后，曾多次有求于袁术，袁术便开始轻侮马日磾。袁术先是借故向马日磾取符节观看，然后趁机抢夺不还，并用符节征召命令将士。马日磾苦苦索求，见不能求回符节，便要求离开寿春。没想到，袁术派人限制马日磾行动，更是试图强逼马日磾任其军师。马日磾因为被袁术强抢符节而备感屈辱，加上又不能返回长安，后于 194 年（汉献帝公元兴平元年）在寿春忧愤呕血而死。

等马日磾的遗体被送回京师，满朝文武在商议后想对其加以礼葬。这个时候，孔融不同意，他说："马日磾以太傅的尊贵身份，持天子的符节，奉命去处理地方事务，去安宁东夏，而他竟然谄媚奸臣，并被他指使，所上章表署名补用，马日磾都是第一个。他这样依附下级，欺骗朝廷，说他是奸诈事君也不过分。以前，齐国上卿国佐面对强大的晋军，不被其折服；那楚国的勇士宜僚当着白晃晃的刀而面不改色。朝廷重臣岂能以受威胁为借口而谄媚乱臣呢？而且，袁术僭越越级叛逆，并非是一朝一夕的事，而马日磾和他在一起周旋了好几年。《汉律》规定：和罪人往来三天以上，都应该知道他的情况。《春秋》中记载说：鲁国的大夫叔孙得臣死了，为了不张扬襄仲的罪贬，特地不写日子。郑人讨伐幽公，砍了薄子家的棺材，因为他杀君的缘故。现在圣上哀矜老臣，不忍心追究定他的罪，这已经是非常宽宏大量了。实在是不应该再加礼厚葬他！"朝廷最终采纳了孔融的意见。

第五节 一代名儒，匡扶汉室

孔融在京城任职的时候，当时很多大臣都议论着想要恢复肉刑。孔融听到这些建议，就上表朝廷说：“古代的人都浑厚朴实，善恶不辨；那时候的官吏正直，刑罚也很清明；为政者很少有过失。那时候如果百姓有罪，都是自己主动承担责任。等到了末世，这种风气就衰微了。末世的风气教化变得坏乱，政治搅乱了风俗，国家的法律也害了百姓。所以说，如果上面的君主没有了为君之道，下面的老百姓自然就涣散不服。而如果用古时候的残酷刑罚残废他们的肢体，这不是和社会一起进步的除恶扬善的好办法。冬天早晨商纣见有涉水的人，认为他们的腿耐寒，就斩断了这些早晨涉水者的小腿，天下的人都愤怒地咒骂纣王暴虐无道。百姓是多么厌恶毁坏他们肢体的人啊！以前，周代有 1800 多个诸侯国，天下百姓，要养 1800 个诸侯，如果他们各砍掉一人的脚，下面就有 1800 个残废的人。如此这样，想要百姓风俗纯美，这无异于痴人说梦。

“而且受了刑罚身体残缺不全的人，通常有不想活的意念，甚至有求死的决心。这些人大多会豁出性命铤而走险，再也不会回归正道。夙沙祸乱齐国，伊戾祸害宋国，赵高和英布曾为当世大患。这样的例子比比皆是。肉刑不但不能禁止坏人做坏事，相反正好断绝了好人为善的途径。就算像鬻拳那样忠诚的人，像卞和那样坚持不懈的人，像孙膑那样足智多谋的人，像巷伯那样受过政治诬陷而蒙冤受屈的人，像太史公司马迁那样有才华的人，像子政那样通达的人，到头来一旦遭受肉刑，就算死了也会遭人耻笑啊！

“所以太甲反悔自责终成明君，秦穆公施行仁道使秦国称霸西戎，南睢的形容消瘦，卫武公做《初筵》特地自责，百采众谏，才使得卫国政通人和，百姓和乐。陈汤矫诏发兵才有了大破敌兵，斩郅支单于于都赖水上之事，还有魏尚的守边等等，这些例子太多就不用再举了。我大汉广开改恶之路，就和上面的几个例子没什么区别。所以圣明有德的君王，常常能深思远虑，弃短就长，不随便改革政治上的措施。”听了孔融的一番论调，皇帝认为他的建议很好，就没有恢复肉刑。

当时，汉室衰微，各个诸侯实际上是各地的实际掌权人。他们有些人表面尊崇天子，其实背地不把他放在眼里。特别是有一些地方，地方长官已不向天子进贡。荆州牧刘表就是其中之一。刘表不但不向朝廷进贡，而且还做了很多臣子不该做的事情，比如他在郊外祭祀天地的时候，想用天子的舆马。朝廷知道这件事，准备用诏书的形式将刘表的这种放肆的行径宣示天下。然而孔融却上疏说：“臣融私下听说，荆州牧刘表有很多忤逆行径，行事常常不遵守礼制，以至郊祀天地，用的礼仪和陛下一样。虽然刘表逾制越分，罪大恶极，确实是死有余辜。但就国家大体而言，臣建议陛下这种事情应当暂时不要公开。为什么呢？因为陛下作为万乘之国的皇帝，身份何等尊贵？陛下您的身体是圣哲之躬，而国家就是您的神器。臣子和陛下怎可同日而语？臣子的俸禄和地位有限制，这就像苍天不可能用阶梯升起，日月不可能被凡人逾越一样。偶尔有个小臣妄想用阶梯升起苍天，想不自量力地逾越日月星辰，如果这样就要处理，并且还要四方的百姓都知道，这可不是杜绝他这种不自量力行为的好办法。以臣之愚钝，认为臣子就算有了重大的罪过，陛下也一定要隐忍。就像俗语说的‘用东西打老鼠，会打坏了近旁的珍贵器物’，就是这个意思。所以，所以古时齐兵伐楚，只是责备楚国不朝贡；王师败绩，不会说为晋所败。朝廷之前揭露了袁术的罪过，现在又想把刘表的这些事宣扬开来，这就像是使瘸腿的母羊窥视到了高岸，认为天险也可登啊！刘表跋扈飞扬，擅自杀害列侯，并阻止皇帝诏命不行，私自中断对陛下的贡品，召集大恶来保卫自己，收藏天下的叛逆，郜鼎在太庙，没有比这些更能彰着他的罪行的！刘表的事势败坏到不可收拾的地步，天下人都能看见。所以我认为唯独应当隐瞒郊祀这件事，来维护国家安全。”

公元200年（汉献帝建安五年），皇太子南阳王刘冯和东海王刘祗相继死去。汉献帝非常伤心，可怜他们死得太早，就想用四时祭祀的礼节来纪念他们。为此，献帝询问意见，孔融听了汉献帝的话孔融回答说：“陛下宽厚而爱仁，因为南阳、东海二王的早薨而使得陛下非常伤心、思念，陛下哀悼二王的魂灵而发布哀怜的诏章，应查阅以前的典度，看看这诏章是否合乎礼制。臣查阅了前代的典度，发现梁怀王、临江愍王、齐哀王、临淮怀王都死而无后，他们的同胞兄弟，分别是景帝、武帝、昭帝、明帝四帝，但也没有听说这些皇帝为他们祭祀。如果临时祭祀，也没有列入传记。所以，愚臣以为南阳、东海二王不幸在幼小的年龄死去，陛下非常哀痛，要以成人礼加以谥号，这无妨，也合乎礼制。但祭祀结束，以后最好就不要再行了。至于一年一期的祭祀，这既不合礼仪，又违背了先帝既定的法制，是不合适的。”

第六节 奔投曹操，表荐祢衡

平原郡人祢衡，字正平，颇有文采，善言辩，而且性格桀骜不驯，非常喜欢诋毁权贵，很少有朋友。但孔融和他惺惺相惜，孔融非常喜爱他的才华。祢衡刚刚 20 岁，而孔融已经 40 岁，于是二人成为忘年交。孔融不但写奏疏向朝廷推荐祢衡，并多次在实际掌权的曹操面前夸赞祢衡，希望祢衡能被朝廷重用。

在《荐祢衡表》中，孔融写道："臣听说唐尧时洪水成灾，百姓困苦，尧帝想派人治理，所以在四方招贤。昔日世宗（汉武帝）继承皇统，为了弘扬祖宗基业，询问群臣中谁有才能的人能帮助他弘扬帝业，最后有才能的人应声而至。陛下您睿智而又聪明，继承了祖宗的基业，虽然遭遇了厄运，但陛下仍勤劳而谦逊，通宵达旦地工作；现在，高山上降下了神灵，神灵将会化为奇才而出。

"臣私下看到平原郡的士人祢衡：他 24 岁，字正平，他品质美好，坚贞贤明，才能超越出众。他初涉六艺，就像登堂入室，很快能入佳境；他过目成诵，耳朵听见的东西不会再忘记；他的本性和他的志向完美地结合在一起，思考像有神助一般。据传前世宗大司农、御史大夫桑弘羊，自幼便有心算才能；

尚书令、光禄大夫张安世，记忆力超强。若拿祢衡来衡量这些人的才能，实在是没有什么奇怪的。祢衡忠实果敢，志向就像霜雪那样高洁。他见到善者，自己便为之惊悟；见到恶人，就像见到仇人一样。战国时魏人任座能坚持高尚的德行，春秋时卫国大夫史鱼用死来劝谏卫灵公亲贤臣、远小人，大概也比不上他。鸷鸟累一百次，还不如一只鹗的收获；一百个庸人，比不上一个有才能的人。如果让祢衡在朝廷为官，就必定值得一看。祢衡富于才辩，文辞天马行空般飞奔，才气横溢，喷涌而出。让他解答疑难问题，简直绰绰有余。

"当年贾长沙请求皇帝封他为典属国，勒住单于的脖子使其丧命；终军想用军中长缨来牵制南越王，使其降汉。弱冠之年的男子正直慷慨，简直可以称之为完美。最近路粹、严象等人都是因为是奇才，被提拔为尚书郎。祢衡完全可以与他们相比。如果祢衡得到重用，就会像龙一跃而飞到天上，他会挥动羽翼在那银河上、在皇宫中传扬天子的美名。他传播的彩虹光辉，足以显示我们大汉人才济济，增添我朝廷之威望。天上的仙乐演奏，必定有新奇美丽的景观；皇帝居住的地方，必定有非常珍贵的宝物。像祢衡这样的人才，真是不可多得的人间奇才。《激楚》、《阳阿》等舞曲和那极妙的曲调，是宫中掌管音乐、舞蹈的人所迷恋的；飞兔、騕褭跑得飞快、奔放，是王良和伯乐这些御马人所急需的。臣等为我大汉江山急所需的人才，怎么能听说不到祢衡呢?

"陛下向来认真谨慎地选择人才，所以任何人才都必须进行验证、考试，臣只乞求陛下召祢衡一见。如果祢衡像庸人一样毫无才华，臣愿领欺君之罪。"

汉献帝读完孔融的这份满是溢美之词的《荐祢衡表》，交给了实际主政的曹操。于是，曹操使人召见祢衡。而祢衡向来看不起曹操，所以称病，不肯前往。等到后来，曹操见到了祢衡。拜会礼节完毕，曹操并没有给祢衡准备座位。祢衡就仰天长叹说道："天地这么大，怎么没有一个能人?"

曹操见他这么说，非常惊奇地问道："我手下有数十人，都可以成为英雄人物，怎么能说天下无能人?”

祢衡说：“您手下有哪些英雄？祢衡愿闻其详。”

曹操继续说：“荀彧、荀攸、郭嘉、程昱等谋士，可谓聪慧而机深智远，就算是萧何、陈平等人也不能及。张辽、许褚、李典、乐进等将领，勇不可当，就算岑彭、马武等名将也不能及。吕虔、满宠是从事，于禁、徐晃做先锋；夏侯惇为天下奇才，曹子孝乃世间福将。怎么能说我帐下无人?”

听了曹操的话，祢衡狂笑着说：“曹公此言差矣。你说的这些人，我都知道。荀彧嘛，可以让他吊丧问疾；荀攸可以看坟守墓；程昱可以关门开窗户；郭嘉可以给人白词念赋；张辽可以击鼓鸣金；许褚可以牧牛放马；乐进可以取状读诏；李典可以传书送檄；吕虔可以磨刀铸剑；满宠可以饮酒食糟；于禁可以负版筑墙；徐晃可以屠猪杀狗；夏侯惇可以称其为‘完体将军’；曹子孝可以成为‘要钱太守’。剩下的人，都是酒囊饭袋耳!”

曹操听了这个回答，大怒，问祢衡：“那你有什么才能?”

祢衡回答说：“天文地理，无所不知；三教九流，无所不晓。上可以让君王成为尧、舜那样的明君，下可以和孔子、颜回平起平坐。岂能和这些凡夫俗子相提并论?”

曹操当时正是求贤若渴之际，所以为了维护自己宽容爱才的形象，虽然恼怒，也没有杀死祢衡。曹操知道祢衡善于击鼓，就召他为击鼓的小吏。有一次，曹操宴饮宾客，就命祢衡击鼓助兴。没想到，祢衡在换专门的鼓吏衣帽的时候，竟然当着众多宾客的面前把衣服脱了个精光，在场的宾客顿时觉得没半点心情。孔融知道了这件事情后，赶忙拜会曹操。他跟曹操说，祢衡确实性格有些狂傲，但他确实怀才不遇，说着代祢衡向曹操道歉。曹操见孔融道歉，非常高兴，但对待祢衡，还是越来越冷淡。祢衡知道了这件事情，便穿着布单衣、疏巾，手里拿着三尺棁杖，坐在曹操的大营门口，用那三尺棁杖捶地大骂。曹操听见祢衡在营外大骂，非常生气地骂道："祢衡仗着自己有些虚名，竟敢跑到我营外大骂，简直胆大包天。这分明是在找死！我如果要杀掉祢衡，易如反掌，但我不杀他，不是我不想杀他，而是我不想让天下人说我无容人之量。"于是，把祢衡推荐给荆州的刘表，希望借刘表除掉祢衡。

刘表早就听闻了祢衡的大名，对其才学也非常敬仰，所以祢衡一到荆州，刘表待之如上宾，并让他掌管文书。祢衡掌管文书后，荆州官府所有的文件都会请祢衡过目审定，方可发布。有一次，祢衡外出，刚好刘表有一份紧急文书要起草。于是，刘表召来其他文书，让他们联合起草了这份文件。哪知，祢衡回来，看见这份文件，拿到手里匆匆地看了一下，就大骂这份文件写得太失水准，就把这份文件撕得粉碎并掷于地下。接着，他自己要来纸笔，自己重新写了一份文件。不仅如此，祢衡在荆州待的时间越久，越发现刘表并非明主，便渐渐不把刘表放在眼里，总是对他冷嘲热讽。刘表本是就心胸狭窄之人，更加不能容忍祢衡的这种放肆和无礼。但刘表也不愿担杀名士的恶名，就把祢衡推荐给了江夏太守黄祖。刘表知道黄祖是个急性子的人，把祢衡推荐给黄祖，是想借他的手杀了祢衡。

祢衡到了江夏后，黄祖对他也是非常优待，也让他做秘书，负责文件的起草工作。祢衡起草的文书轻重缓急写得很到位，而且各自词语用得很得体，黄祖很多想说而说不出的话，祢衡都写了出来。见祢衡确实很有才华，黄祖非常高兴，也渐渐对他很器重。黄祖的长子、章陵太守黄射更是特别地看重祢衡，把他视作好朋友。但是，好景不长，祢衡那种高傲并且自恃有才、目空一切的性格又显露出来。有一次黄祖在战船上宴请将士，但祢衡竟当着所有宾客的面说了很多无礼的话。黄祖很生气，就大喝一声，让他停止无礼的行为。祢衡听了黄祖的呵斥，不但没有停下来，而且更是加重了嘲笑的语气。黄祖大怒，就命人杀了祢衡。黄祖的儿子黄射听说父亲要杀祢衡，急忙赶到船上来解救祢衡。但是等到黄射到达船上的时候，祢衡已经死了。黄射非常伤心，问事情的经过。这时候，黄祖也后悔自己在性急之下杀掉这个人才了，就命人厚葬祢衡，这一年是公元 196 年（汉献帝建安元年）祢衡仅仅 26 岁。

第七节 恃才傲物，不畏权贵

祢衡死后，孔融非常伤心。公元 199 年（汉献帝建安四年）六月，袁绍亲率精兵十万，意图南下进攻许都，官渡之战的序幕由此拉开。袁绍举兵来攻的消息传到京师许都，很多人大惊失色。而曹操却认识到袁绍志大才疏，而性格刚愎自用，兵多而指挥不明，将骄而政令不一，不足畏惧。为了迎战袁绍，曹操先是派臧霸率兵从琅玡进入青州，顺势占领齐、北海、东安等地来牵制袁绍，以巩固许都的右翼；然后曹操率领一部分兵力进据冀州黎阳，令于禁守延津，协助扼东郡太守刘延；同时，曹操部署自己的主力在官渡一带筑垒固守，以阻挡袁绍从正面进攻。

这年十二月，刘备起兵反曹，并占领下邳和沛县。曹操为避免两线作战，亲自率精兵向东进发迎战刘备。曹操出兵后，迅速地占领沛县，并进攻下邳，俘虏了刘备的大将关羽。正在刘备和曹操交战之时，袁绍的谋士田丰建议袁绍趁这个有利时机进攻曹操，但袁绍以幼子有病为理由拒绝了这个建议。

次年二月，袁绍进军黎阳，企图渡河寻求与曹军主力决战，袁绍命大将颜良进攻白马的东郡太守刘延。四月，曹操亲自率兵北上解救白马之围。此时，曹操的谋士荀攸建议说："袁绍的士兵多于我军，明公若先引兵至延津，伪装进击袁绍后方，袁绍必分兵向西。如果袁绍分兵向西救后方，明公便可遣轻骑迅速袭击进攻白马，必败颜良。"曹操听从了荀攸建议，果然打败白马的袁军，而被迫降曹的关羽冲进万军之中杀死颜良并斩首而还，袁绍失一员猛将。曹操解了白马之围后，又设计诱败袁军，杀了文丑，顺利退回官渡。

九月，曹军进攻袁军，与袁军交战不利，退回营垒坚守。十月，袁绍派淳于琼率兵万人把守囤积在袁军大营以北的故市、乌巢粮草仓库。正好此时，袁绍的谋士许攸投奔曹操，许攸献计曹操以轻兵奇袭乌巢，烧袁绍辎重。曹操采纳了许攸的计策，率步骑五千，冒用袁绍旗号，人衔枚、马缚口，利用夜暗走小路偷袭乌巢。曹操到达乌巢后立即放火，然后杀了淳于琼等守将，袁绍的粮草全部被烧毁。袁绍的大将张郃、高览得知乌巢被破，知道败局已定，便投降了曹操。张郃、高览投降后，袁军军心开始动摇，渐渐内部分裂，无心恋战，被曹军先后歼灭和坑杀。官渡一战，曹军歼敌 7 万余人，彻底地击败了袁绍，袁绍再也无力气与曹操争夺天下。

公元 202 年（汉献帝建安七年），袁绍由于兵败忧愤而死。两年后，曹操趁袁绍的两个儿子袁谭和袁尚相互攻伐之际，率军攻克邺城。袁尚败走中山，曹操占据邺城，并代替袁氏成了冀州牧。曹操进攻邺城，不但屠杀邺城的居民，还掳掠了袁绍家的妇人、女子。攻下邺城后，曹操的儿子曹丕私自娶了袁熙的妻子甄氏。孔融知道这些事后，写信给曹操，在信中写道说："武王伐纣，将妲己赏赐给周公。"曹操看了信，不知道这是什么意思。但他知道孔融熟读典籍，以为孔融说的是什么典故。于是，有次见到孔融，曹操便问孔融："你说的武王伐纣，将妲己赏赐给周公是什么典故啊？我怎么没听过？"孔融听后轻轻一笑，回答说："您按照现在发生的事情，想一想当然就明白了。"曹操才知道孔融是在戏弄自己，他非常生气。

公元207年（汉献帝建安十二年），曹操为了彻底统一北方，决定征服乌桓。此时，孔融又讥笑曹操说："我们的大将军远征，必将扬名于海外呀！从前肃慎不进贡木苦矢，丁零偷盗苏武的羊，大将军可以一并讨伐啊！"当时，正值饥荒战乱年代，曹操为军食和民食匮乏考虑，上表请禁酒。曹操说："饮酒丧德，为正世风，故必禁酒。"孔融知道这个事后，特地写了《论酒禁书》给曹操，劝他不要禁酒。

孔融在《论酒禁书》中写道："酒之为德久矣。古代的先哲、帝王先哲王，上继承祖宗基业，下济万国，非酒莫以也。所以，天上有叫'酒旗'的星斗，地上有叫'酒泉'的郡城，人着旨酒之德。尧如果不是那千钟酒，就建不了太平王朝。孔子如果不是那一百觚酒，就没有后人称赞他为圣人的成绩。樊哙喝酒后才解了太祖鸿门宴之围，如果不是吃了大块肉，喝了那一大盅酒，就不会那么愤怒，自然也解救不了太祖。赵国的厮役，向东迎接他们的大王，如果不是饮酒，无以激其气。高祖要不是喝醉酒，就不能逃离鸿门宴；袁盎要不是喝酒，就不会逃脱性命；于定国要是不酣饮一斛酒，就不能用法律判决案件；故郦食其以高阳酒徒的身份，为汉朝建立了功勋；屈原不喝酒，最终被困在楚地。这样说来，酒何负于政哉？"

曹操读了孔融的这篇《论酒禁书》，感到既可笑又无奈，他也发表了文章来回击孔融的观点。曹操在文章中列举了历朝历代亡国之君嗜酒乱政的事实来反驳孔融。

孔融读了曹操的文章，又写了一篇观点更加锋利的文章予以回应。孔融在文章中写道："历朝历代亡国之君很多，他们中也有因为过于仁爱和谦让导致亡国的，那丞相是不是也要在全国禁止仁爱和谦让呢？当年鲁国是因为太过于崇尚文学而灭亡的，那丞相是不是要禁止全国的百姓写字呢？夏朝和商朝都是因为女人而亡，是不是丞相要禁止全国百姓结婚呢？"曹操读了孔融的文章，感到无言以对。

其实，孔融早就知道曹操乃一方奸雄，他篡夺汉室江山的野心渐渐显露。随着曹操的功业越大，孔融便愈发担心汉室江山的安危，所以就说话偏激，常常故意触犯曹操。孔融上奏天子，建议汉献帝应当遵照古时的京师的体制，千里以内不封诸侯王。曹操怕孔融提一些越来越过分的建议而威胁到他的势力，更加忌惮他。但孔融是天下名士，曹操只能表面上装作很尊重孔融，但私下却对他非常忌恨，始终担心孔融阻抗自己的大业。这时，山阳人郗虑揣摩到了曹操的心事，便以蔑视国法为由上奏朝廷，请求罢免孔融的官职。曹操见机会来了，便写信故意挑拨二人关系。

曹操的信写道："我听说唐尧、虞舜的朝代，有克让的大臣，所以麒麟、凤凰等祥瑞来，百姓的赞叹声一片。到了后世，没有唐尧、虞舜时代的厚德，但还有齐孟阳代君居默以待贼，西汉纪信乘黄屋诳楚这样杀身为君，像要离焚妻子以徇吴，李通诛宗族以从汉这样破国为国的人。那时道德衰落到极致，也不过是范雎那样睚眦必报、一餐之德必偿而已。所以，御史大夫尽忠为国，却遭到袁盎祸害；三闾大夫屈平（屈原）一心为楚，而遭到子椒、子兰谗言而被放逐；彭宠的倾乱之举，是起自朱浮；邓禹威损，是由于宗钦、冯愔二人。由此可以看出，喜怒怨爱，祸福所因，是要非常谨慎啊！昔日，廉颇、蔺相如不过是小小赵国的大臣，尚且能相互包容；寇恂和贾复不过是仓卒武夫，也能修好同朝；光武帝不去忌恨他的哥哥伯升；齐桓公不去计较管仲的射钩之罪。这样看，有大志向和高尚节操的人，岂能被那些细小的怨恨而累？我以前听说二位素来执法公平，以为有点小的芥蒂，很快便会和好；但没想到你们相互积怨越来越深，而互相危害。我听说这个消息，非常惊诧，以致半夜惊醒。前些时日，都城东迁到许都的时候，文举（孔融）盛叹鸿豫（郗虑）才学和名望相副，综达经学，出于大师郑玄，又明《司马法》；而鸿豫也夸赞文举真乃奇逸博闻，足见你二人相互赏识。但我今天非常奇怪你们怎么从相互赏识一下子变为相互攻讦？我与文举算不上旧时好友，和鸿豫也没有多少交情，但是我愿意成人之美，效我的区区之力，为你二人和好而做中间人。我又知道这是您二位的交际有限所致，我身为人臣，虽然进不能使海内风化改善，退不能建立德行使人向往，然而抚养战士，杀身为国，破浮华交会之徒，算算绰绰有余了。”

孔融收到曹操的信后，当即就回复了一封针锋相对的信，他在信中写道：“承蒙丞相书信赐教，告诉我自己的不足。我与郗鸿豫的州是相邻的，我知道他算是最早了。我曾经说过鸿豫才学，想要在私下见到他的时候厚待他，想要为了国家和他好好相处。我不求掩盖的恶行或者罪过，只希望有罪不受连坐。如果前面所说能黜退，我将欢欣鼓舞。昔日赵宣子早上在朝堂上向晋君推荐韩厥，下午他的军士就被韩厥所杀，赵宣子因韩厥的称职而非常高兴地求大家祝贺他。况且如果没有韩厥那样的功劳，就不敢做那样的官职！忠诚比不上三闾大夫屈原，智慧比不上晁错，窃取了官位就是过错，能免罪实在是庆幸。若使我说说我的远见，我非常惭愧啊！朱祐、岑彭、寇恂与贾复都是真正的壮士，他们虽然有相互攻击的时候，但最终都能团结起来为国分忧。至于是谁轻弱谁薄劣，那就像昆虫之间相互厮咬一样，真是没有什么结果和意义。晋景公夸奖他的大臣叔向和秦国使臣去争执，而师旷却认为力量上的竞争不如心里的竞争。性格既然迟缓，不会给别人造成伤害，虽然像韩信那样受胯下之辱或者像荆轲那样在榆次受辱，不知道是在贬低诋毁自己，这就像蚊虻过去没有什么危害一样。子产说人心不相同，有的人矜持，欲以取胜为荣，不知道宋国人待四海宾客的礼仪，造了大炉子想让自己的酒酸起来。至于宋国人屈谷拿的那个巨大的瓠，像石头一样坚硬，厚且没有孔洞，必须治它无用之罪。所以信奉尊崇严格的管教，不敢稍有废弛。赵衰提拔郄縠为中军元帅，公叔文子的家臣僎和文子一同做了卫国的大夫，而文子不轻视家臣僎。曹公和我一样尊重欣赏郗虑，故发于中心而训诲。虽懿伯的旧怨，都不去顾念，何况我和郗虑乃旧交，而且我还想在外有个贤吏名声！我会恭敬谨慎地陈述自己内心深处的话，和郗虑修好如初。曹公的苦言心意，我将终身诵之。”

第八节 欲加之罪，临终诗成

公元 208 年（汉献帝建安十三年），孔融又被任命为太中大夫。由于孔融本性就非常宽容不会猜忌别人，又特别重视人才，喜欢诱导提拔年轻人，所以等到他退任太中大夫这个闲职后，宾客就天天满门。孔融常常感慨地说：“如果我家里的所有座位上每天都坐满了人，家里所有酒樽中的酒都是满满的，我就再也没有什么忧愁了。”在京师时，孔融和蔡中郎蔡邕关系非常要好。后来，蔡邕过世了。孔融见有位虎贲士相貌长得有点像蔡邕，就经常请那个虎贲士去自己家做客。孔融每次喝了好多酒，就招呼着和那个有点像蔡邕的虎贲士坐在一起，喃喃说：“虽然没有了老熟人（蔡邕），而让我高兴的是我还能时常看见他的样子。”

孔融一旦听说别人有什么善行，就好像如同他自己做的一样高兴。如果别人的言语有什么可以采取的优美之词，他一定会帮别人扩展完成，并当面告诉作者所不足的地方，称赞作者的长处。孔融也非常喜欢为朝廷推荐贤士或奖励他们进取功名；如果他知道的贤士或者善事，却没有推荐或者没有称颂，他便认为这是自己的过错。所以，当时国内海内的英才俊贤，无不信服他。

但曹操并不这样认为。由于孔融处处与曹操作对，并三番两次地当众羞辱他，曹操早就对孔融积攒了一肚子的怨恨。这时郗虑又来诬告孔融，曹操就借助这个机会指使丞相军谋祭酒路粹编造了一份奏状。那奏状上写道："少府孔融，昔日控制北海的时候，见王室动乱，就召集并指挥了一干士兵，意图不轨。孔融对人们说：'我是大圣人孔丘之后，乃贵族之后，当初先祖被灭于宋国。拥有这大好江山的，何必要是那卯金刀的刘姓？'其后，又与孙权的使臣暗中来往，诽谤朝廷。还有，孔融位列九卿，不遵守朝廷的礼制，光着头不包头巾而行，使得朝廷蒙羞。之前，孔融还和那无礼的祢衡放荡而言：'父亲对于儿子，有什么亲情？父亲生儿子归根结底，不过是一时情欲发作罢了。儿子和母亲又有什么亲情可讲？儿子和母亲就像原来放在瓶子中的一个东西，出来后就分离而没有任何关系了。'然后孔融和祢衡更是相互赞扬。祢衡说孔融是'仲尼不死'。而孔融则是称赞祢衡'颜回复生'。这些都是大逆不道之举，非株连之罪不能治其罪。"

路粹的这份奏状呈上去后，曹操当即利用这个机会，于公元 208 年（汉献帝建安十三年）八月二十九日处死孔融，这年，孔融 56 岁。

孔融知道自己难逃一死，写下著名的《临终诗》总结自己的一生：

言多令事败，器漏苦不密。

河溃蚁孔端，山坏由猿穴。

涓涓江汉流，天窗通冥室。

谗邪害公正，浮云翳白日。

靡辞无忠诚，华繁竟不实。

人有两三心，安能合为一？

三人成市虎，浸渍解胶漆。

生存多所虑，长寝万事毕。

在诗的前几句，孔融先是沉痛而惋惜地宣告了自己救汉王朝事业的失败(事败)，并且检讨说失败的原因是自己不慎小节、言多语失。接着，孔融又借助动物痛斥那捏造谗言陷害他的小人。同时，他哀叹道："满朝文武，大都二三其德，鲜有忠于汉室之人。"最后他则以极其沉痛的笔调写道："生存多所虑，长寝万事毕。"活在世上所虑甚多，然都无用，倒不如一死解脱所有烦恼。《临终诗》整体上叙喻错综，非常有特色。诗人自己在先叙后喻、连续用喻之间造成笔法参差多变和那隐括或变用的灵活引事运典，颇为巧妙，而以双关、假托、暗示、含蓄等讽刺艺术手法，揭示曹操篡汉野心和自己的不屈斗争。但最终，他只能无奈地为汉王朝提前唱响挽歌，也为自己的一生做终结。

孔融获死刑后，他的妻子也由于株连被杀。孔融被杀的时候，他的女儿年方7岁，儿子9岁，因为他们都年幼孱弱，得以保全。孔融死后，他们被寄养在其他人家。孔融被捕的时候，他的两个孩子正在下棋。消息传来，两个人好像什么都没有听见一样，没有理睬，而是继续下棋。这时，寄养家的主人好奇地问："你们的父亲被捕了，你们为什么还坐在这里一点反应都没有？"孔融的孩子回答说："覆巢之下，安有完卵？您见过鸟兽的巢穴被毁坏后那些鸟卵有保住的吗？"主人听了这话，非常伤心，也不说什么了。当时主人家吃完饭剩下一些肉汁，孔融的儿子口渴便想喝。女孩便对哥哥说："现在我们已经大祸临头，难道哥哥还想着能活得长久，因此要喝这肉汁苟全性命吗？"哥哥听了妹妹的话，号啕大哭着放下了那肉汁。有人把这个事情告诉了曹操，曹操大惊，决定将孔融的一双儿女都杀掉。等到捉拿他们的人到了，孔融的女儿对哥哥说："如果我们死了，可以再去见到父母，这难道不是我们最大的愿望吗？"说完就引颈就刑，脸色没有一点变化，围观的人没有人不为她悲伤的。

孔融死之前，京兆有个叫脂习的人和孔融关系非常密切。脂习曾对性格太过刚直的孔融进行过劝说，让他不要那么刚烈。等到孔融被杀，许昌竟没有人敢为孔融收尸。脂习知道这个消息后，忙赶往孔融被杀死的地方收尸，他抚尸说道："文举（孔融）丢下我就这么死了，我也不再活了。"曹操听说这件事，非常生气，收捕了脂习准备杀害，但后来逢赦免脂习又被释放了出来。

魏文帝曹丕非常喜欢孔融的文辞，每每叹曰："孔融真是扬（雄）、班（固）那样的伴侣啊。"然后，他就悬赏天下有上报孔融文章的人，动辄赏给这些人金帛。最后搜寻到孔融的诗、颂、碑文、论议、六言、策文、表、檄、教令、书记等25篇，汇集成册。魏文帝以孔融素来有栾布那样的气节，加他为中散大夫。

除了魏文帝，孔融死后，后世的人对他的评价也很高。《后汉书》的作者范晔评价孔融时说："从前，谏大夫郑昌说过：'山上如果有猛兽，人们就不敢去山上采野菜；国家如果有忠臣，那奸邪便不敢猖狂。'所以，孔融以他的正直，不容任何人有谋朝篡位的想法。平仲在朝，便会让那些有窃取齐国想法的人不敢轻举妄动。孔融的志向高远，性情耿直，足以让那些有忤逆之心的人不敢轻举妄动。所以，孔融使汉朝改朝换代的事情，一直往后推移，一直到了曹操的后代曹丕才得以启动。孔融性格刚直，毫不苟且，不会委曲求全而贪生！他的性格懔懔言劲烈如秋霜也，皜皜言坚贞如白玉，是很值得后人崇敬的。"

陈登赞孔融说："博闻强记，奇逸卓荦，吾敬孔文举。"祢衡更是说："大儿孔文举，小儿杨德祖，余子碌碌，莫足数也。"魏文帝曹丕将孔融列为"建安七子"之首，说："今之文人，鲁国孔融文举，广陵陈琳孔璋，山阳王粲仲宣，北海徐干伟长，陈留阮瑀元瑜，汝南应玚德琏，东平刘桢公干，斯七子者，于学无所遗，于辞无所假，咸以自骋骐骥于千里，仰齐足而并驰。以此相服，亦良难矣。”唐朝名相房玄龄则说：“逮乎当涂基命，文宗蔚起，三祖叶其高韵，七子分其丽则，《翰林》总其菁华，《典论》详其藻绚，彬蔚之美，竞爽当年。独彼陈王，思风遒举，备乎典奥，悬诸日月。”北宋文豪苏轼说：“文举以英伟冠世之资，师表海内，意所予夺，天下从之，此人中龙也。”明朝大儒文学家、思想家李贽赞颂孔氏时说：“北海大志直节，东汉名流，而与‘建安七子’并称；骆宾王劲辞忠愤，唐之义士，而与‘世拱四杰’为列。以文章之末技而掩其立身之大闲，可惜也!”

除了这些溢美之词，当然也有人不认为孔融是值得赞颂的。曹操说：“世人多采文举虚名，少于核实，见融浮艳，好作变异，眩其诳诈，不复察其乱俗也。”西晋史学家司马彪则说：“孔融在北海，自以智能优赡，溢才命世，当时豪俊皆不能及。亦自许大志，且欲举军曜甲，与群贤要功，自于海岱结殖根本，不肯碌碌如平居郡守，事方伯、赴期会而已。然其所任用，好奇取异，皆轻剽之才。至于稽古之士，谬为恭敬，礼之虽备，不与论国事也。高密郑玄，称之郑公，执子孙礼。及高谈教令，盈溢官曹，辞气温雅，可玩而诵。论事考实，难可悉行。但能张磔网罗，其自理甚疏。租赋少稽，一朝杀五部督邮。奸民污吏，猾乱朝市，亦不能治。”直言他缺乏围观之才干。晋朝令史张璠更是直言不讳地说：“孔融在郡八年，仅以身免。帝初都许，融以为宜略依旧制，定王畿，正司隶所部为千里之封，乃引公卿上书言其义。是时天下草创，曹、袁之权未分，融所建明，不识时务。又天性气爽，颇推平生之意，狎侮太祖。”

司马光算是对孔融评价较为中肯的，他说：“孔融岁其高气，志在靖难，而才疏意广，高谈清教，盈溢官曹，辞气清雅，可玩可诵，论事考实，难要悉行。但能张桀网罗，而目理甚疏；造次能得人心，久久亦不愿附也。其所任用，好奇取异，多剽轻小才。”

第九节 体气高妙，理不胜辞

孔融在魏晋特别是建安时期的文坛，享有崇高的地位。曹操虽然处死了孔融，但他和他的儿子魏文帝曹丕对孔融的文学造诣非常欣赏、赞不绝口。在曹丕的《典论·论文》里，特别将孔融列为“建安七子”之首，更是盛赞孔融是“扬雄、班固那样的文学巨擘”，说其文“体气高妙，有过人者”。南朝梁著名的文学理论家刘勰评价孔融的文学成就时说他“气盛于笔”，“诗文豪气直上”。

经后世整理，孔融著有诗、颂、议、论、策、表等个体文章25篇，现存的诗也只有7首。《隋书·经籍志》虽然载《孔融集》9卷，但早已遗失。

就其传世的作品来看，孔融的散文胜于诗歌。魏文帝曹丕在《典论·论文》中夸奖说：“孔融体气高妙，有过人者。”但也指出：“然不能持论，理不胜辞，至于杂以嘲戏。”

孔融散文的主要特色是文笔犀利诙谐，比如他的两篇《难曹公表制禁酒书》就具有非常强烈的讽刺性。第一篇历数先代哲王圣贤、文臣武将因酒成事，建立了不世功业的故事，得出“由是观之，酒何负于政哉”的结论。当曹操针对孔融的观点进行回击，说酒可以亡国，非禁不可后。孔融更是在第二篇

《难曹公表制禁酒书》更加极尽讽刺揶揄之能事，他反唇相讥道：“历史上也有因妇人失天下的，丞相何以不禁婚姻?”诚然，孔融在文中歪曲了相当的典故，反对禁酒是“为反对而反对”，只是借以犀利的笔锋显示他跌宕的性格和对曹操的反对，这就是曹丕批评他“理不胜辞，至于杂以嘲戏”的原因之一。

孔融的散文除了文笔有犀利诙谐的特色之外，也不乏深沉委婉的风致，如其代表作《论盛孝章书》。《论盛孝章书》作于汉献帝建安九年（公元204年），是一封劝谏曹操解救盛孝章的书信。盛孝章名宪，乃会稽人，为汉末名士。曾任吴郡太守，因病辞官家居。孙策平定吴地后，对当时的名士深为忌恨，盛孝章因此不得不外出避祸。但是孙策死后，孙权继续对盛孝章进行迫害。孔融与盛孝章关系非常要好，知道朋友处境危急，所以特地写了这封《论盛孝章书》。孔融写这封信的主要目的，是希望司空兼车骑将军曹操能救出盛孝章。

《论盛孝章书》从交友和求贤两个方面以少有的温婉论述了救盛孝章的意义，希望主政的曹操能从国家利益的角度，运用他的权力和地位来解救处于吴地非常危险的盛孝章。这篇文章充满了对孔融朋友的挂心关切，语气非常诚恳，文字精练，非常容易打动人。曹操读了，都决定去营救盛孝章。曹操打算征用盛孝章做都尉，但十分可惜的是，曹操的命令还没下，盛孝章就被孙权所杀。

孔融的另一篇代表作《荐祢衡表》也是向朝廷推荐自己的知音、才子祢衡的一篇表文。但这篇推荐信和《论盛孝章书》文风却差之千里。在这篇文章里，孔融盛赞自己的这位好友“忠果正直，志怀霜雪，见善若惊，疾恶若仇”，还说他“飞辩骋辞，溢气坌涌，解疑释结，临敌有余”（前文已有详细介绍），几乎人间最美好的词都非常露骨地用在祢衡身上。由于文章实在太多溢美之词，不久祢衡果然被提拔做官。

虽然孔融的这些文章风格迥异，但他讲究辞藻的华美和字句的对称这一特点没有改变，而是贯穿始终。孔融的散文具有非常浓重的骈俪气息，这是孔融有别于同一时代其他文学家的地方。后世评论者指出他“体气高妙”、“奋笔直书，以气运词”，这也是建安时期文学创作的共同特点，即时代烙印。

与散文相比较，孔融的诗歌稍显逊色。或许因为他目前流传的作品中仅仅有7首诗歌。孔融的诗目前仅存为数不多的7首，其中有3首六言，为中国文学史上较早的六言诗作品。孔融《杂诗·岩岩钟山首》抒发了自己的宏伟抱负，字里行间洋溢着一种慷慨激昂的情绪：

岩岩钟山首，赫赫炎天路。
高明曜云门，远景灼寒素。
昂昂累世士，结根在所固。
吕望老匹夫，苟为因世故。
管仲小囚臣，独能建功祚。
人生有何常，但患年岁暮。
幸托不肖躯，且当猛虎步。
安能苦一身？与世同举厝。
由不慎小节，庸夫笑我度。
吕望尚不希，夷齐何足慕！

孔融是“建安七子”中年龄最大的一个，也是“七子”最自负（傲气）的一个。其自负，从这首《杂诗·岩岩钟山首》中就可见一斑。

这首诗的前四句中，“岩岩”、“赫赫”都是形容词，“岩岩”形容钟山的高峻；“赫赫”形容南方的炎热。钟山相传是极寒冷的地方，而炎天指的是南方。这两句把极其寒冷的钟山和炎热的南方对比，描绘出一幅强烈对比的画面。“高明”两句，“云门”和“寒素”分别形容高贵门第和寒门之人。作者指出，有权有势的贵族，他们的势力可以延伸到云汉；而他们的余光便可将寒门之人熏灼。紧接着，孔融说道，那些超凡卓越的贤才是好几代人培育累积的结果，没有牢固的根基是不可能出现的。看来，只有像山川那样根基牢固之人才最有资格昂首于天地之间。那么，哪些人是这样的大丈夫呢？古往今来的那些仁人志士算不算呢？让我们看看吧，姜尚只是凡间一个贱民，凭借机遇而辅佐文王有所作为；至于管仲，原本是阶下囚，也能成为齐桓公的重臣名垂青史。这样说来，人生并没有什么特别的地方，只是“我”已经老了。不过还好，我的身躯还能像猛虎一样驰骋，所以不能困苦终生，不能和世俗的那些人的举止一样，落入俗套。“我”这样不拘小节，庸俗的凡人才会讥笑我的胸襟。姜太公我都不羡慕，何况是为了商朝饿死在首阳山的伯夷与叔齐？

从这首诗的内容来看，心气颇高的孔融对人们历来称赞的圣贤很不以为然。他轻描淡写地点评了人们心目中标杆式的人物，而意在指出，自己一定能做出更大的成就。看那“昂昂累世士，结根在所固”，不知孔融是否在以自己孔子 20 世孙的身份来激励自己，做出超越前辈的伟业。而对于旁人的嘲笑，他直斥他们为“庸夫”，体现自己不为外界所扰的决心。孔融为什么有这样的自负（傲气）？不仅仅因为他是孔子的 20 世孙。在 4 岁的时候，他以这个年龄孩子少有的成熟和礼节获得“能让梨”的美誉。10 岁，随父亲到洛阳，对名士李膺说出“想君小时，必当了了”的话，技惊四座，使得李膺不得不感慨道：“高明必为伟器！”

以文观人，这首诗在一定程度上是孔融自己命运的写照。这首《杂诗》通篇磅礴的气势，正是孔融一生光辉的写照。人如其文，用如此豪迈的词句来不加修饰地形容自己的伟大志向，是少有的。但也是这样的狂妄，看不上世间俗人的举止，使得他在精神世界陷入孤独，常常被“庸夫”所笑。孔融是圣人，他的耿直、忠贞、清高在同时代无人可比；孔融也是“可笑”的人，他不能“审时度势”，不能“同流合污”、“识时务”，也注定了他的命运。这样矛盾的人，岂止孔融一个？

孔融的《杂诗·远送新行客》主要是抒写幼子夭折的悲痛，哀婉动人，是抒情诗中的佳作。而其绝唱《临终诗》是临刑前对一生的回顾和内心的真实写照，作者通过回顾自己“言多令事败”的一生，表达了对诽谤、陷害自己的小人的极端的鄙视。诗中借“生存多所虑，长寝万事毕”说出了自己笑对死亡、直面生死的旷达胸襟。

《文心雕龙·风骨》引同为“建安七子”的刘桢语说：“孔氏卓卓，信含异气，笔墨之性，殆不可胜。”直言孔融的笔力高超，他人难及，这或许是孔融能为“建安七子”之首的根本原因吧。

第二章

饮马长城窟：州里才士，羁客难为——陈琳

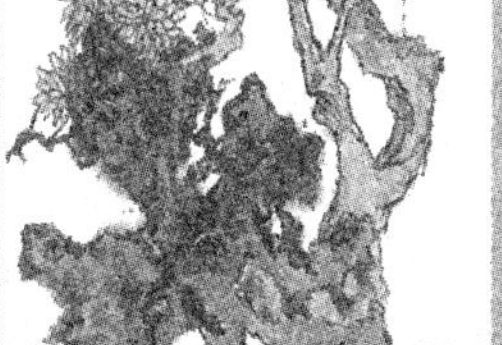

边塞诗歌中，《饮马长城窟》是非常著名的一首。陈琳存世的诗歌并不多，但是他的诗歌中对劳苦人民的关怀，却极有现实意义。陈琳的章表书檄风格雄放，文气贯注，笔力强劲，都给后世文学留下了深远的影响。

第一节 主簿国舅，主死臣忧

公元 184 年（汉灵帝中平元年，即为农历甲子年）三月初五，巨鹿人张角数万信众以“苍天已死，黄天当立，岁在甲子，天下大吉”为口号兴兵反汉，由此给日益颓败的东汉政权以最直接的冲击。因为起义者皆头缠黄巾，所以被称“黄巾军”。举事后，张角自称“天公将军”，张宝称“地公将军”，张梁称“人公将军”。他们先是在北方冀州一带起事，接着不断烧毁官府、杀害东汉官吏、四处劫掠，短短一个月内，全国七州二十八郡都发生了战事。黄巾军一路势如破竹，州郡失守、吏士逃亡的消息不断传来，震动京都。

汉灵帝着实没有想到黄巾军的势力这么大，情急之下，以国舅何进为大将军，命何进率左右羽林军屯于都亭，守卫京师；又在函谷关、大谷、广城、伊阙、轘辕、旋门、孟津、小平津等要塞紧急设置都尉驻守严防黄巾军；同时，灵帝下诏各州，命各州郡训练士兵、整点武器、召集义军，以抗黄巾军。

为了阻止黄巾军的蔓延，灵帝还准许了皇甫嵩等人的要求解除党禁，并划拨部分皇宫钱财和皇家良马赠给抵御黄巾军的军士，提升士气。朝廷的军士派往黄巾军危及的地方，其中卢植、皇甫嵩、朱儁等人率北校军士与黄巾军不断作战，但并未取得胜利。张角并没有因为汉灵帝的相关政策而显示出丝毫败退的迹象，反而愈演愈烈。

到了公元 188 年（汉灵帝中平五年），天下的局势更加混乱了。不断有人传言，京城会有兵变，两宫定会流血。这时大将军许凉和假司马伍宕对大将军何进说："《太公六韬》载天子将兵事，天子将兵定可以威震四方。"何进认为许凉和伍宕说得很有道理，就入朝劝汉灵帝出宫将兵。汉灵帝同意了何进的建议，并诏令大将军何进大发四方兵，讲武于平乐观下。何进令人建好大坛，在大坛上面建十二层五彩华盖，于坛的东北建小坛，再建九层华盖。这些工事都建好后，何进于华盖下横列步兵，骑士几万人，结营为阵。准备工作做好后，汉灵帝驻大华盖下，称"无上将军"，绕阵三圈而还，亲自检阅军队。

检阅完毕后，为分何进兵权，灵帝设置西园八校尉：上军校尉、小黄门蹇硕，中军校尉、虎贲中郎将袁绍，下军校尉、屯骑校尉鲍鸿，典军校尉、议郎曹操，助军左校尉、赵融，助军右校尉冯芳，左校尉、谏议大夫夏牟，右校尉淳于琼。诸校尉都由蹇硕统领，直接受命于灵帝。一时，蹇硕声势浩大，连大将军何进亦要受其命令。

汉灵帝之所以任命蹇硕为元帅，让他督率司隶校尉，是认为蹇硕壮健而有武略，所以皇帝特别宠信他。蹇硕虽然掌握了兵权，但还是非常害怕和忌妒何进。所以，他想尽办法让何进远离汉灵帝。终于，蹇硕和各常侍找到机会要汉灵帝派何进西击边章、韩遂。灵帝听从了这些人的建议，赐何进兵车百辆、虎贲斧钺命他西征。何进知道这是蹇硕等人的阴谋，于是请求皇帝等袁绍返回京城，调用袁绍东击徐、兖二州的兵供他指挥，借此来拖延时间。

公元 189 年（汉灵帝中平六年），汉灵帝驾崩，蹇硕就想借助这个机会在何进进宫吊唁先帝的时候将其杀掉。但何进事前听到风声，在手下谋臣的建议下称病不朝。不久，汉灵帝长子刘辩被立为帝，刘辩生母何太后临朝，何进和太傅袁隗共同辅政，录尚书事。

宦官本就久为天下所恶，加上蹇硕心存不轨，几次想谋害何进。因此何进辅政后，就暗中计划诛灭宦官。正好，此时袁绍也有诛灭宦官之意，便让何进亲客张津对何进说："黄门常侍（指蹇硕等人）掌握朝廷重权已久，又与长乐太后专通奸利，长此以往，国家危难。大将军应该肩负起选拔贤良的人才、整顿朝纲，挽救大汉江山的责任，准备为国除害。"何进认为袁绍说得很对。袁氏本就是累世宠贵，袁绍的族弟虎贲中郎将袁术尚气侠，人们都愿意与他相交。加上袁绍善于结交名士，天下豪杰也愿为他所用，海内之士必定一呼百应。因此，袁氏更广泛地征聘天下儒士，逄纪、何颙、荀攸等智谋之士纷纷前来，袁绍与他们结为心腹，准备诛灭宦官。

蹇硕等人听闻消息，惴惴不安，他们一起商议说："大将军（指何进）兄弟现在执政专权，我听说他与天下党人日夜谋划着诛杀先帝左右亲近的人，我们这些人大难临头了！只是因为我统领着禁兵，所以他们现在还犹豫不决，不敢贸然行动。而我们现在应该共同把上阁关闭，先下手为强，待大将军进门将其诛杀。"中常侍中有个叫郭胜的人，和何进是同郡人。何太后与何进受宠，郭胜出了力，何氏亦抬举郭胜。所以，郭胜虽是中常侍，却亲近于何氏。于是，郭胜与赵忠等中常侍私下商议，不依蹇硕的计策行事，并把蹇硕的机密信交给了何进。何进知道消息，立即令黄门令逮捕蹇硕，将其处死，并把蹇硕统领的禁军全部置于自己指挥之下。蹇硕虽然已死，但其他宦官并未受到牵连。于是，袁绍又劝说何进："从前窦武将军想诛杀内宠（宦官），但行事不成反为所害。就是因为他行事不周走漏了风声，现在大将军贵为国舅，兄弟又同统率劲兵，大将军部下将士都是英俊名士，又乐于尽力为将军您出力。一切都已准备就绪，这是天助的大好时机啊。现在，大将军应当继续为天下除害，这样定能名垂后世。就算周朝的申伯，也不能超越您的功绩！现在先帝的灵柩在前殿，大将军受诏统率禁兵，不应随便出入宫省。”

何进认为袁绍分析得很对，于是以生病为借口不入陪丧，又不送葬。然后又与袁绍再定了诛灭宦官的计策，等计策商议完了，何进就把所定计策告诉了何太后。何太后听说何进要诛灭宦官，便不高兴地说：“宦官一直统领禁省，这是汉家老规矩，不可擅自更废。而且先帝刚逝世，我又怎么能堂而皇之与士人共事呢？”何进见太后不同意，便没有再说什么。袁绍知道太后不同意，便又对何进说：“大将军要有盘算，如今宦官亲近皇上，出入号令，现在若不将其全部消灭，日后我们必为所害。”

但何太后的母亲舞阳君及何进的弟弟何苗多次接受宦官们的贿赂，知道何进要诛杀宦官，就去何太后那里说情，要何太后庇护这些宦官。他们说：“大将军（何进）想擅杀皇上左右亲信，日后必专权以弱皇上。”何太后信了这些人的话，对何进心存芥蒂。

这些宦官本来就久在宫中服侍皇帝，有的已经入宫数十年，所以在宫中内外的势力非常大。而何进是新晋权臣，想要诛杀宦官，心里还是有所顾忌，犹豫不决。这时，袁绍又说：“若大将军忌惮那些宦官的势力或太后的旨意，我倒有一个办法。”

何进问：“什么方法？本初（袁绍，字本初）快讲！”

袁绍说：“大将军可召集四方猛将及豪杰，使天下英雄引兵向京城，到时太后不得不同意诛杀宦官，任这些宦官再有势力也抵挡不过。”

何进听了袁绍的话，点着头说好。

然而，这时，有人大叫一声：“不可！”

袁绍和何进转头看时，是主簿陈琳。只见主簿陈琳神色忧郁地说：“《易》里面说：‘鹿放走了，就不可再捕得了。’俗话说：‘蒙着眼睛捕雀。’很微小的东西，尚不能用不可行的方法来欺骗它，何况国家大事，岂可用不当的方法来取得呢？现在大将军您总揽皇威，掌握兵权，像龙马昂首，如老虎迈步，极尽英雄气概，正是成就伟业之时。现在，天下之事或高或下，全在您的手中。这就好比人烧着火炉子燎毛发那样只是举手之劳，有何为难的？大将军所行之事合于道、违于经，天遂人愿。您却要抛弃您的利器，去寻找外援。等到天下雄兵集合起来，那些强者为雄，将军如何号令？这就是人们所说的干戈倒拿呀！如果真是这样，那将军您就是将把柄给别人，您的伟业不但不能成就，反倒会引来祸乱。”

陈琳的一番话说得何进和袁绍哑口无言，但何进还是没有听从陈琳的意见。他不但西召前将军董卓驻关中上林苑，还使府掾太山王匡发动强弩手，召东郡太守桥瑁驻城皋，使武猛都尉丁原烧孟津，一时天下躁动，人人都说要诛杀宦官。但何太后还是不同意。何苗见状，便对何进说：“兄长，我们一路从南阳而来，以前都是贫贱人家，都是因为依靠宫中而获得贵富。如今国家的事，也是实在不容易！俗话说覆水难收，您应当好好考虑，和宫中保持友好关系。”

何苗的话让何进更加狐疑。袁绍害怕何进改变主意，于是就威胁何进说：“现在天下豪杰相助大将军的形势已经显露出来了，如果原来商议的事情不办，就要发生更大的变故！大将军还等待什么，为什么不早下决断呢？”于是，何进任命袁绍为司隶校尉，让他持符节，专命击断敌军；命从事中郎王允为河南尹。袁绍命洛阳方略武吏暗中监视宦官，并使董卓等人继续赶路，准备进兵平乐观。何太后这时才害怕起来，下旨罢退全体常侍小黄门，只留下平时和何进亲近的人守卫省中。

常侍小黄门听闻何太后的旨意，极为惊恐，都慌忙去何进那里哭着向何进请罪。何进见常侍小黄门脸色如土，得意地对他们说：“天下纷乱，正是因为诸君祸乱朝政啊！如今西凉的董卓很快就要进京了，诸君为什么不早日引颈自谢天下呢？”袁绍见何进有骄傲神色，劝何进立即处决这些宦官。但袁绍一连数次劝谏何进，何进都没有答应他。

于是，袁绍给各个州郡写信，假传何进的意思，使各个州郡官吏逮捕宦官们的亲属。消息传来，宦官们更加害怕，想法也从求情转变为反叛。中常侍张让的儿媳是何太后的妹妹，于是张让对着儿媳叩头说道：“老臣自知犯了大罪，应该自裁以谢天下人。但老臣想到自己累世受天子隆恩，现在就要远离宫殿，恋恋难舍。所以斗胆请再一次进宫，如果哪怕看一眼太后、皇上的颜色，死也无遗憾了。”

张让的儿媳把张让的话告诉了舞阳君，舞阳君又将这话告诉了何太后。于是，何太后又诏命各个常侍都再次进宫。到了这年八月，大将军何进请求何太后同意，诛杀所有常侍，并选三署郎进宫守住宦官们的住房。

宦官们听到了这个消息，互相商议说：“大将军之前托病不举丧、不送葬，现在又忽然到宫里来，他是想干什么呢？是想重演从前窦氏之事吗？”之后，张让又派人窃听何进谈话，知道了何进的计划。于是，中常侍们带领常侍段珪、毕岚等几十个人，拿着兵器悄悄地从侧门进宫，并埋伏在宫中。等大将军何进一出来，便假称何太后的诏命征召何进进见。

等到何进进入他们的包围，张让等人就大声质问何进：“天下大乱，不仅仅是我们的原因。先帝原来与太后不和，想要把太后废了，是我们几个人哭泣着解决了他。我们每个人拿出所有的家财作为礼物，博得先帝开心而赦免太后。我们这样做，只想依托你何氏门户而已。现在大将军将天下大乱归罪于我们，居然要杀灭我们，这未免太过分了吧？大将军说宫中污秽肮脏，但试问公卿以下忠诚廉洁有几个人？”于是，尚方监渠穆拔剑斩大将军何进于嘉德殿前。

杀死何进后，张让、段珪等假冒太后的诏命，命以前的太尉樊陵为司隶校附，少府许相为河南尹。尚书得到这个诏命，怀疑其中有诈，就说：“我要请大将军出来共同商议。”这时，中黄门就把何进的脑袋扔给尚书，说道：“大将军谋反，已经被我们杀掉了。”

袁绍听闻这个消息，借此机会带兵入宫，将这些宦官全部杀光。之后，董卓依先前何进的诏令入京。董卓入京不久就废了少帝刘辩，而另立刘协为天子，又杀了何太后和何太后之母舞阳君等人，何氏家族遂告灭亡，汉朝天下从此更加动乱。

第二节 依附袁绍，信劝臧洪

何进被杀后，汉王朝的江山风雨飘摇，更加陷入混乱。来自西凉的董卓进京后，烧杀抢掠，无恶不作，天下诸侯都欲除之。公元 190 年（汉献帝初平元年），关东诸郡起兵讨伐董卓，推举袁绍为盟主。但因为军心不齐，各地诸侯各怀异心而作罢。公元 192 年（汉献帝初平三年）四月，司徒王允、尚书仆射士孙瑞和董卓的亲信吕布等人共同密谋诛杀了祸乱京师的董卓。自此，天下又陷入新一轮的诸侯割据混战中。

在这样的情形下，陈琳为避难到了冀州。袁绍得知陈琳到达冀州，大为高兴，忙聘请陈琳做自己的秘书，掌管文书。

公元 195 年（汉献帝兴平二年），为扩大地盘，曹操攻打在雍丘的臧洪的盟友张超。张超便对部下们说道：“曹操攻打我雍丘，也许只有臧洪会来救我们吧。”张超的部下们都以为袁绍和曹操关系非同一般，而臧洪又被袁绍重用，所以臧洪一定不会自毁前程，而远来雍丘救张超。于是，张超说：“子源（臧洪）这个人，是天下难得的义士，他绝不会背弃自己的原则，眼睁睁看着曹操攻打我雍丘的。只是，他在袁绍帐下，可能会被袁绍约束，来不及救我呀。”

果然，臧洪一听说张超被围，情况紧急，便光着脚放声大哭，立即清点兵马想率领所部兵马前去救援。臧洪觉得兵马不够，想向袁绍请求增加军队。结果，袁绍不但没有答应给他增加兵马，连他自己的部队也扣住了。这样一拖，就是三个月之久。三个月后，雍丘最终被曹操攻破，张超一家也被灭族。张超已死，臧洪义愤填膺，对袁绍充满了怨恨，不但宣布不再被袁绍所用，还和袁绍断绝了关系。袁绍听了这个消息，也勃然大怒，亲自带兵攻打臧洪，最终把臧洪围在东武阳城。但袁绍攻打东武阳城，接连攻打了一年都未攻克。臧洪以弱兵抗衡袁绍的强兵，其实是抱着必死的打算，他发誓要守住东武阳城，直到城破。见此情景，在袁绍帐下效力的陈琳知道这样下去对双方都不利，就连忙写信劝说臧洪投降，和平解决问题。臧洪接到陈琳的信，读完后，他洋洋洒洒写了一封一千多字的回信，表示自己不会投降。

袁绍看了臧洪的回信以后，知道和谈几乎没有可能，就调兵至前线，对东武阳城增兵急攻。在袁绍的攻击和围困下，没多久东武阳城中已无余粮，臧洪见城破在即，就把手下的将士叫过来，对他们说："袁绍早就对汉室江山图谋不轨，野心众人皆知。现在袁绍连番攻打我东武阳城，眼看城池不保，我就要为袁绍所杀。我不怕死，我是为天下的大义而死，死得其所。但是，诸位实在没有任何必要跟着我一起死，在城池未破之前，大家赶紧带着家小逃出城去吧。"听了这话，城中部将和百姓都流着泪说道："要死一起死！"坚持和臧洪一起守城。

但是条件越来越艰苦，大家很快吃完了粮食。一开始，城中还有老鼠和武器上的皮革可以当饭吃，后来任何可以吃的东西都被吃光了。臧洪最后搜集，发现城中只剩下了 3 升米。于是，臧洪让人把这些米煮成稀粥让大家喝。喝完粥，城中再没有任何食物，臧洪又把自己的爱妾杀了，分给将士们充饥。将士们见臧洪杀了自己的爱妾，都失声痛哭。尽管这样，城中有男男女女大约七八千人互相枕着大腿死在一起，但没有一个人叛逃。

最后，东武阳城终于被袁绍攻破。城破后，袁绍大会诸将，并召来臧洪。袁绍问："臧洪，你为何要背叛于我？我现在攻破了东武阳城，你服了没有？"臧洪当时饿得都站不起来了，但他还是坐在地上怒目相视，对袁绍说："你们袁氏已是四世三公，朝廷对你们恩宠有加。可现在王室衰微，你们不但没有匡扶汉室之意，反而充满野心，妄想取而代之。只可惜我臧洪能力有限，不能亲手杀了你为天下报仇！你说我服不服？"听了臧洪的回答，袁绍恼羞成怒，立刻命手下把臧洪杀了。

臧洪有个老乡叫陈容，一直在臧洪手下为官，东武阳城还没有被攻下前，臧洪派陈容出城办事。等到臧洪在法场就要被杀之时，袁绍命令陈容在一旁观看。眼看臧洪就要被杀，陈容跪下哭着求情，但袁绍没有答应，让人把陈容拉出去。见袁绍要把自己拖走，陈容哭着大喊："我今天宁愿和臧洪将军一起死，也不愿单独求生。"于是，袁绍下令将陈容也杀了。陈琳，还有袁绍身边的很多人对臧洪、陈容之死表示非常惋惜，私下说这是"一日杀二烈士"。

在汉末群雄逐鹿的征战中，出现了河北的袁绍、河内的张杨、兖豫的曹操、徐州的吕布、幽州的公孙瓒、南阳的张绣、扬州的袁术、江东的孙策、荆州的刘表等割据局面。在连年征战中，袁绍和曹操两大集团逐步壮大起来。公元 196 年（汉献帝建安元年），曹操迎汉献帝，并把都城成功地迁到自己的势力范围许昌，从此挟天子以令诸侯，势力大增。之后，曹操先后率兵击败吕布、袁术等人，占据了兖州、徐州以及豫州、司隶部分领土，实力进一步扩张。与此同时，袁绍也在进行着扩张。公元 199 年（汉献帝建安四年），袁绍战胜了公孙瓒，自此幽州、冀州、青州、并州都由其掌握，袁绍尽有河北之地。这样，袁绍和曹操的决战成了在所难免的事情。

公元 199 年（汉献帝建安四年）六月，袁绍挑选精兵十万、战马万匹，准备南下进攻许都，决定曹操与袁绍最终命运的官渡之战的序幕由此拉开。

第三节 官渡檄文，名扬天下

为了师出有名，袁绍请陈琳做一篇讨伐曹操的檄文。于是，没多久，陈琳便写出了近两千字的雄文《为袁绍檄豫州文》，其文如下：

左将军袁绍领豫州刺史郡国相守：

我听闻英明的君主在危局时制定那强有力的对策来平定局势，忠厚的大臣如果面临灾祸也是积极寻求对策来巩固自己的地位。所以，天下有了非同一般的人，才有了非同一般的事；有了非同一般的事，才有了非同一般的功业。这个非同一般的功业，不是常人所能达到的。从前，始皇帝死后二世为秦王，但强大秦国的这个新国君却很软弱，所以朝政大权落在了赵高手上，赵高专制朝权，由着自己的心情作威作福。那个时候，人们受赵高的威胁和迫害，都不敢直言；后来赵高终于被灭族，他的祖宗被焚灭，至今背负骂名，值得永为世鉴。到了吕后掌权的时候，吕禄、吕产专政，他们对内掌控军队，对外统领梁、赵；他们擅自处理国家政事，以及宫中的事务，上下失序，纲纪废坠，国人寒心。于是绛侯周勃、朱虚侯刘章，愤怒之下起兵，诛讨了这些叛乱之臣，尊立刘氏皇帝，所以国家才能继续兴盛，绛侯、朱虚侯最终光照史册，这就是大臣立功的典范。

司空曹操：其祖父为中常侍曹腾，和左悺、徐璜等人一起作孽，像禽兽那样恣意蛮横，不断虐待百姓，做了很多有伤风化的事情；曹操的父亲曹嵩，是被曹腾像乞丐那样收养的儿子，因为借助其父曹腾的地位，借助曹腾的地位，勾结有权势的败类，想着盗窃国家鼎司，倾覆皇权。曹操就是那宦官阉人的后代，本来就没任何品德值得称颂，他为人狡猾而喜欢仗势欺人，喜欢制造动乱和灾祸。袁绍将军统领天下豪杰，想要铲除这些奸佞，没想到又遇到了董卓祸乱朝政，欺凌文武百官，虐待天下百姓。于是，袁绍将军手提三尺剑，拔剑击鼓，发动天下诸侯，召集群雄，不予追究他们从前犯错的地方，都予以任用，所以和曹操共同商讨讨伐董卓之事。袁将军本以为曹操有英雄之才，可以任用。但没想到曹操此人愚昧且缺乏远见，他非常急于冒进，不顾阻挠而去攻打董卓，结果打了大败仗，丧失了许多兵力。袁绍将军见状，先是分给他兵力，让他休整队伍，又上表朝廷让他担任东郡太守，并入兖州刺史，让他披着虎文将袍，给他军队的执掌权，希望他能够像秦国名将孟明视一样能将功赎罪。但是实在没想到曹操借这个机会飞扬跋扈，恣意妄为，不断剥削穷苦人民，残害贤能良善的人。以前的九江太守边让，英才俊伟，天下知名。边让为人正直而忠厚，从不阿谀奉承，结果却被曹操无情地杀死，并把其头颅悬挂起来示众，就连边让的妻子、儿女都没逃脱这样的命运而被残忍杀害。从此有识之士都怨愤痛恨曹操，百姓对他的怨恨也更加厉害，结果有一个人振臂一呼，整个州都群众都群起响应。所以，曹操被徐方打败，自己掠夺的土地被吕布夺取，他自己慌忙逃到东部故乡，没有了立足之地。袁绍将军本着扶弱惩强的天下大义，而且不和那非常善于叛变的吕布同党，所以他发动兵马，征讨吕布，金鼓震天，吕布和他的下属被吓得抱头鼠窜。袁将军拯救了曹操，把他从面临死亡的境地挽救了出来，并恢复他的官职。这样说来，就算袁将军就算对兖州的百姓没有什么恩惠，也对曹操是有莫大的恩惠。

后来天子将都城从长安迁到洛阳，遇到群贼乱政。当时冀州恰受北边少数民族的侵犯，土地面临分裂。所以天子派从事中郎徐勋为使者，下令给曹操，让曹操修缮洛阳宗庙，并保护年幼的天子。可曹操却趁这个机会，不断胁迫天子迁都到自己掌管的许昌，而且住在宫内，祸乱王官，败乱朝廷法纪。曹操给自己封了丞相职位，一个人统领所有文武大臣，把持朝政。封爵、赏赐都由着自己的想法，判罪、杀头也都出自他一人之口。曹操喜欢谁，那人的五族都受到恩惠；曹操如果讨厌谁，那这个人的三族都会被诛杀。在公众场合擅自议论朝政的人都被曹操公开杀害，私下发牢骚的人就会被秘密杀害。所以，像周厉王统治时期那样，人们在路上不敢打招呼只是用眼神交流，百官也都不敢随便说话。朝廷的尚书只是在名义上主持朝会，而公卿们也只是在名义上充当官职而已！以前的太尉杨彪，历任司马、司徒、司空等职位，在朝廷享有崇高的地位。可曹操因为一些小事而怨恨他，便诬告老太尉犯罪，对他棒打鞭抽，什么残酷的刑罚都用上了。他竟这样恣意虐待德高望重之重臣，丝毫不顾朝廷宪纲的约束。又有议郎赵彦，忠谏直言，其建议都值得采纳，所以圣上如果上朝都会听他的建议，并给他加官晋爵。曹操想要篡权，杜绝大臣谏言之路，就擅自逮捕并杀害了赵彦，事先都不让圣上知道。曹操攻打徐州的时候，到处焚烧房屋，发掘坟墓，还盗取了梁孝王的陵墓。梁孝王是先帝的亲弟弟，他的陵墓非常尊贵，种有桑树、梓树和松柏，尤其庄严肃穆。而曹操率领将领自己的士兵，亲自发掘了梁孝王的陵墓，打破梁孝王的棺椁，梁孝王的尸体裸露出来他也不管，只顾盗取金宝。圣上为这个事情竟至流泪，士绅和百姓知道此事也忍不住感伤！曹操还特地设置发邱中郎将、摸金校尉，他的军队所经过的地方被全部毁坏，没有坟墓不被挖掘的。曹操身处三公那样的高位，却做桀纣那样的事，祸国殃民，不管是活着的人还是已经入土的死人都受到了他的毒害！再加上曹操征收种类繁多的苛捐杂税，还时刻提防别人加害自己，他在整个田野布下了罗网，在道路上遍挖陷阱，人们稍微一活动就能碰上他的罗网，稍稍一动脚就能跌到他挖的陷阱中。所以，兖州、豫州的百姓都无法生活，京都的人们怨声载道。历观古今书籍记载，在所有贪财暴虐无道的大臣中，曹操是最过分的！

袁绍将军正在外征讨叛乱，没来得及整训曹操。袁将军以为宽容地对待曹操，曹操自己会弥补他以前所犯的过错。但是曹操终究是豺狼野心，暗地里包藏祸心，竟然想谋害朝廷的栋梁来孤立我大汉天子，想杀害忠厚正直的大臣使自己成为枭雄。去年袁绍将军北征公孙瓒，可公孙瓒这个大贼寇，竟抵抗了一年。曹操趁袁绍将军还未打败公孙瓒，暗地发布命令，想要用当今圣上的名义偷袭袁绍将军。所以他领兵到了黄河边，正要过河，行踪就败露了。那个时候公孙瓒已经被袁绍将军平定，所以曹操的锋芒被挫，险恶的企图没有实现。现在曹操又屯兵在敖仓，想要以黄河为屏障，打算用螳螂臂膀那样的力量来挡住轰隆行驶的战车！

袁绍将军身负汉天子重托，威震宇宙。袁将军率雄兵百万、骁勇的骑兵数千，帐下又有像中、黄、育、获一样的勇士，还有那非常强势的良弓和强弩。袁将军所在的并州横跨太行山，青州越过济漯河。百万大军渡过黄河作为先锋；他们攻克荆州而以宛叶作为后援。聚集这么多的猛士，兵临前线，就像用烈火点燃蓬草，用海水浇灭木炭，有什么敌人消灭不了的？那曹操手下的士兵，可以作战的，都来自幽州和冀州，有一部分是他的旧部，这些人都心中充满怨言，出门征战多时，想着回家，他们流着眼泪望着北方。剩下的士兵都是兖州和豫州的农民和归降的吕布、张杨的旧部，这些人或受胁迫，或投奔曹操只是权宜之计，他们都常遭受互相征战，接连受到创伤，内部视对方为仇敌。如果回师攻打，登向高山击打战鼓吹响号角，必然有人挂着白旗开启投降的路，这样曹操的军队必然顷刻间土崩瓦解，不用费刀兵就能打败他！如今汉室衰微，纲纪废弛，朝廷没有一个贤人来辅佐，盘踞高位的重臣里没有一个有气魄的。京师之内，精明能干的大臣都垂着头没有丝毫生气，他们是没有什么可以依赖。就算有一些忠义的人来辅佐圣上，也会被暴虐的曹操所胁迫，怎么能施展自己的能力？曹操又派了七百个精兵，围住了皇宫，对外说是保卫圣上，其实是拘禁圣上。袁将军担心曹操有篡位的打算，所以才作了这篇檄文。这正是忠臣们为汉室江山和当今圣上肝脑涂地的时候，这正是烈士立功的大好机会，怎么能不把握住?!

现在曹操假称诏命称制，派遣使者发兵。他担心边远的州郡不听指挥，违抗命令而叛变自己，就借着发丧的名义，这真是被天下人耻笑，这是聪明的人都不会做的事。从现在起，幽州、并州、青州、冀州四州同时进兵。这封书到达荆州，便要现兵与建忠将军协同声势。各县各郡须整顿义兵，包围曹操的边界。显示我们的威武，共同匡扶社稷，那非同一般的功劳就要被我们获得了！能获得曹操人头的，封为五千户侯，赏五千万钱！曹操部下偏将或者官吏有投降的，都不予追究。加大宣传恩信，大加厚赏，布告天下，让天下人都知道圣上有拘迫之难了。大家要遵守这份檄文就像遵守律令一样！

第四节 北上归魏，军国书檄

陈琳的这份檄文很快就传遍各郡，作为敌方的曹操自然也获得了这份檄文。当日，曹操头风正在发作，忽然曹洪过来求见。曹洪给曹操汇报了前线的一些情况后，便给身旁照料曹操的曹丕使了个眼色，曹丕便找了个借口要出去。但这个细节恰好被曹操看见。两个人正要退下，曹操就说："你们二人有什么话，不能当着我的面说？"曹洪有些慌张地说道："方才已将我军的准备与袁绍的动态汇报丞相了，只是有一琐碎之事要与公子说。"

曹操看了一眼曹洪，说道："要说就在这里说吧。"

曹洪有些犹豫，结结巴巴地说："这……"

这时，曹丕也说："叔父有话直说无妨，父亲身体虽有小恙，但处理政务仍无大碍。您有什么，直接说与父亲听吧。"

曹洪这才说："大哥，我刚才接到一份袁绍的檄文。"

曹操笑道："原来是道檄文，一道檄文就能惊倒我的虎将子廉（曹洪，字子廉）？"

曹洪说："只是这道檄文有大不敬之处，我不敢擅自拿给大哥看，所以才先跟公子商议。”

听曹洪这么一说，曹操有些好奇，便说道：“是怎样的不敬？我倒想看看。且读来与我听。”

曹洪听了这话，吓得战战兢兢，不敢读……

曹操见状，对在一旁的儿子说道：“丕儿，你读给为父听吧。”

曹丕打了一声“诺”，便打开檄文，读了起来：“左将军领豫州刺史郡国相守：盖闻明主图危以制变，忠臣虑难以立权。是以有非常之人，然后有非常之事；有非常之事，然后立非常之功……”当他读到“司空曹操：祖父中常侍腾，与左悺、徐璜并作”这个地方的时候，不敢读下去，只是说：“与左悺、徐璜并作……并作……”

曹操喝声道：“并作什么？读！”

曹丕很难为情地又接着读了起来：“与左悺、徐璜并作妖孽，饕餮放横，伤化虐民……”

曹丕刚刚读完这道檄文，曹操径直打了个哆嗦，“啊”地大叫一声。曹丕和曹洪一看，曹操竟然惊出一身冷汗。二人正要叫大夫，没想到曹操缓缓地坐起来，笑道：“好文章啊，读完气得我一身冷汗，头风竟也好了。”见曹操这样说，曹丕和曹洪这才放心一笑。曹操接着问道：“这道檄文是何人所做？”曹洪答道：“听说这篇檄文是出自广陵人陈琳之手。”

曹操听了曹洪的回答，叹了一口气，说道：“如此俊杰，可惜被袁绍所用。”曹洪和曹丕相对，不知道说什么。

官渡的战事最终进行了。任凭陈琳的檄文有多气势恢宏、文采飞扬，可终究抵御扭转不了战局。由于袁绍的刚愎自用以及曹操的知人善用、谋略得当，官渡一役凭借曹操以弱胜强，袁绍大败而告终。袁绍被曹操打败，陈琳成了曹军的俘虏。

稍稍安置完战后事宜后，曹操一听说陈琳被俘，就到各个军营中去寻找陈琳。大家纷纷以为曹操找陈琳肯定要跟他算那篇檄文的账。陈琳也是这样想的。听到曹操来了，被绑着的陈琳站在曹操面前，一动不动，合上眼睛，准备赴死。没想到，看见陈琳被绑，曹操上前亲自解开了绑住陈琳的绳索。曹操解开捆绑陈琳的绳索后，拉着陈琳的手说道："孔璋（陈琳的字）啊，我早就听说你的才学，一直想和你结识。没想到，我们今天在这样的场合下相识了。"

陈琳听曹操这么说，对曹操作了一个揖，说道："丞相有礼了，小人实在惭愧。"

曹操接着说："我是很欣赏你的才华，可是你之前为袁本初效力，我和本初两军交战，你写檄文声讨我。你在檄文里声讨我，列我的罪状骂我就可以了，但为什么要牵累我的祖上呢？"

陈琳听曹操这样说，非常惭愧，回答道："箭在弦上，不得不发。"

听了陈琳的回答，曹操又说："先生不用惭愧，所谓各为其主，我可以理解。我现在想屈尊先生，在我帐下奔走，共同辅佐大汉天子。不知先生意下如何？"

陈琳见曹操如此大度，不仅不追究自己的过错，还邀他共事，就没有拒绝，表示愿意。陈琳归顺曹操后，曹操命他为司空军师祭酒，让他和另一位才子阮瑀同管记室。没过多久，陈琳被调到丞相门任用。陈琳非常感激曹操的不杀之情和知遇之恩，在曹操麾下搦管弄翰，可谓尽职尽责，不遗余力。曹操是个很爱才的人，陈琳确实才华横溢，曹操非常欣赏他。陈琳被调到丞相府后，一直在曹操的身边。而对于陈琳的作品，曹操有时竟一字不予增减直接采用。在丞相府任职后，陈琳与曹丕、曹植及阮瑀等建安文士相处密切，情深谊笃。

可是，过了不久，渐渐有传闻，有人议论陈琳。有人说他像吕布一样，是个不断更换主子、没有气节的人。有些人还说，陈琳之前是袁绍的宾客，袁绍兵败最后孤独死去，陈琳应该与主存亡，和袁绍一起共患难，而不是追随曹丞相来到许都任职。针对这些质疑，陈琳特地写了一篇《应讥》的文章，公开表达自己的观点。陈琳在《应讥》中写道："如果是和平的年代，那么则以尊崇礼节来衡量一个人；如果是乱世，那么考场一个人的成功则是看他建立的功业，这都是不断变化的……所以，现在的君子士人必在这个乱世，唯有立功才能成就自己。"陈琳的意思是，在这个乱世，自己的颠沛流离实属无奈，而自己不断投奔不同的主子，也无非是想建立后人敬仰的功业而已。但陈琳在曹操手下，只是从属的文士身份。陈琳在曹营虽然深得曹操赏识，但仍掩盖不了自己想建立功业的雄心。在这期间，陈琳有一些零散的诗作，可以表露他的心情：

游览诗

高会时不娱，羁客难为心。

殷怀从中发，悲感激清音。

投觞罢欢坐，逍遥步长林。

萧萧山谷风，黯黯天路阴。

惆怅忘旋返，嘘唏涕沾襟。

诗（之二）

节运时气舒，秋风凉且清。

闲居心不娱，驾言从友生。

翱翔戏长流，逍遥登高城。

东望看畴野，回顾览园庭。

嘉木凋绿叶，芳草纤红荣。

骋哉日月逝，年命将西倾。

建功不及时，钟鼎何所铭。

收念还房寝，慷慨咏坟经。

庶几及君在，立德垂功名。

诗四首

一

春天润九野，卉木涣油油。

红华纷晔晔，发秀曜中衢。

二

仲尼以圣德，行聘徧周流。

遭斥厄陈蔡，归之命也夫。

三

沉沦众庶间，与世无有殊。

纡郁怀伤结，舒展有何由。

四

轗轲固宜然，卑陋何所羞。

援兹自抑慰，研精于道腴。

这些诗篇都是词语修美，音律和雅的作品，“志深而笔长，梗概而多气”，都直接或者婉转的流露了陈琳十分复杂的内心世界的感想。“羁客难为心”、“悲感激清音”、“惆怅忘旋返，嘘唏涕沾襟”等字里行间流露的是抑郁失志；“建功不及时，钟鼎何所铭”、“庶几及君在，立德垂功名”表现的是强烈的建立功业的理想；“沉沦众庶间，与世无有殊”、“纡郁怀伤结，舒展有何由”等则为时命所限的感怀。

从这些诗句，我们才真正看得出来陈琳是位有情有义、卓有见识、想在这乱世建立功业的有志之士。可是，时命所限，三易其主，几多无奈！这是陈琳诗句中发怨嗟之叹的原因，也是令后人喟叹不已的原因。

第五节 丁酉大疫，染疾逝世

公元217年（汉献帝建安二十二年）四月，汉献帝用诏令的方式授予曹操天子旌旗。这样，曹操可以像天子出行的时候那样沿途清道，所经路途侍卫警戒。这年八月，曹操颁布《举贤勿拘品行令》，以法令的形式求贤。《举贤勿拘品行令》直言，凡有一技之长者，不拘品行，皆可举荐，足见曹操求贤之心。十月，汉献帝又赐曹操王冕用十二旒，乘金根车，驾六马，设五时副车。也是在这月，曹操设次子曹丕为魏王太子。

这年冬天，北方发生严重疫疾，造成多人死亡。由于这年是农历丁酉年，史称“丁酉大疫”。曹植在《说疫气》中描述这场空前的灾难时说：“建安二十二年，疠气流行，家家有僵尸之痛，室室有号泣之哀。或合门而殪，或覆族而丧。”而“建安七子”中的五个人除孔融、阮瑀早死外，陈琳、王粲、徐干、应玚、刘桢五人竟然全部死于这次骇人听闻的“丁酉大疫”。与此同时，吴国的鲁肃等人也不幸罹于此疫。

陈琳等文豪不幸罹疫以后，魏王与世子曹丕等人更是伤怀不已。曹丕在《与吴质书》中写道：“昔年疾疫，亲故多罹其灾。徐、陈、应、刘，一时俱逝，痛可言邪？昔日游处，行则连舆，止则接席，何曾须臾相失。每至觞酌流行，丝竹并奏，酒酣耳热，仰而赋诗。当此之时，忽然不自知乐也。谓百年己分，可长共相保；何图数年之间，零落略尽，言之伤心！”

东汉末期经学家刘熙在评价陈琳时作了这样的评论：“遒文壮节，于汉季得两人焉，孔文举、臧子源是也。曹子建、陈孔璋文为建安之杰，然尚非其伦比。”

晚唐大诗人温庭筠有次经过陈琳的墓地，看着这位相隔600年的文士，情不自禁诗意涌上心头，作了一首七律《过陈琳墓》，凭吊这位建安才子：

曾于青史见遗文，今日飘蓬过此坟。
词客有灵应识我，霸才无主独怜君。
石麟埋没藏春草，铜雀荒凉对暮云。
莫怪临风倍惆怅，欲将书剑学从军。

温庭筠在这首诗中用“应识我”、“独怜君”表露了他对这位相隔600年的知音的惺惺相惜之情。而在结尾的两句“莫怪临风倍惆怅，欲将书剑学从军”正是点睛之笔。温庭筠真正了解陈琳所处的时代和陈琳那一腔无处诉说的凄苦与无奈。

陈琳将后半生的才华智慧几乎都奉献给了曹操得“天下归心”的大业。陈琳从“司空军谋祭酒，管记室”，调到丞相府任丞相门下督之职期间，主要的活动大致有两种：一种是跟随丞相曹操南征北战，实现统一大业，如曹操东征乌桓、破汉中张鲁、南征东吴孙权等战役，都可以看见陈琳的文章；另一种活动则轻松得多，基本是陪三曹行游出猎，陈琳不但参与了曹丕与邺下文士高谈宴饮的“南皮之游”，还常常陪曹操、曹丕行游出猎。其《游览诗》、《宴会诗》可能就是这个时候所作。陈琳和三曹以及建安文士相处密切，慢慢地与他们结下了深厚情谊。如陈琳写过一篇叫《答东阿王笺》的文章，在这篇文章中，陈琳谈及与曹植诗文的来往："琳死罪死罪！昨加恩辱命，并示《龟赋》，披览粲然。君侯体高世之才，秉青萍干将之器。拂钟无声，应机立断。此乃天然异禀，非钻仰者所庶几也。音义既远，清辞妙句，焱绝焕炳。譬犹飞兔流星，超山越海，龙骥所不敢追；况於驽马，可得齐足？夫听《白雪》之音，观《绿水》之节，然后《东野》巴人，蚩鄙益着。载欢载笑，欲罢不能。谨韫椟玩耽，以为吟颂。琳死罪死罪！"

陈琳任职期间，跻身曹氏父子为首的建安文学集团，以文章诗歌展现了他自身非凡的历史价值。而曹氏父子与孔融、陈琳、王粲、徐干、阮瑀、应玚、刘桢等文士一道努力，打破了继汉乐府之后汉代文人诗歌创作极其消沉的局面。后人将这时期的文学称为"建安文学"。"建安文学"掀起汉末三国诗歌创作的高潮，并以抒写悯时伤乱、救世济民为主题，形成"慷慨以任气，磊落以使才"的独特文学风格。同时，其开创的新兴的五言形式诗作，开创了建安文学的新局面。

第六节 千古文章，壮有骨鲠

陈琳在跟随丞相曹操南征北战或行游出猎期间的作品，大致可以分为四种类型。

第一种是像军需檄文那样的应用型作品。早在袁绍帐下时候，陈琳就写出那篇名震天下的《为袁绍檄豫州文》。降曹后，“太祖并以琳、瑀为司空军谋祭酒，管记室，军国书檄，多琳、瑀所作也”。不仅如此，陈琳后来跟随曹操征战多时，曹操在征战过程中也需要撰制军国书檄。史书多记载陈琳为曹操、曹洪典掌文章，撰写许多书记檄文，如《为曹洪与魏文帝书》、《檄吴将校部曲文》等作品，都是关乎军国大事，并以豪气著称的文章。

第二种是以忧生叹时为主题的作品。陈琳以文人侍从的身份常常亲临战场。见惯了战乱和颠沛流离的逃难人们，他就把这些目睹或感想的东西付诸笔端。如他写《柳赋》：“救斯民之绝命，挤山岳之陨颠。匪神武之勤恪，几踣毙之不振。”表现出他对民生疾苦的怜悯和深切关怀。而他的诗作中的“节运时气舒，秋风凉且清。闲居心不娱，驾言从友生。翱翔戏长流，逍遥登高城。东望看畴野，回顾览园庭。嘉木凋绿叶，芳草纤红荣。骋哉日月逝，年命将西倾。建功不及时，钟鼎何所铭。收念还房寝，慷慨咏坟经。庶几及君在，立德垂功名”，表现出的则是他强烈的建立功业的理想。

第三种是以游记为主题的作品。曹氏父子和建安文士都有不少游记诗作，陈琳也如是。他的《宴会》诗写道：“凯风飘阴云，白日扬素晖。良友招我游，高会宴中闱。玄鹤浮清泉，绮树焕青蕤。”诗文风格与水准较为平淡，无真情实感的表现，可能是应景之作。而他的另一首同为游记题材的作品写道：“高会时不娱，羁客难为心。殷怀从中发，悲感激清音。投觞罢欢坐，逍遥步长林。萧萧山谷风，黯黯天路阴。惆怅忘旋反，嘘唏涕沾襟。”则是不纯粹的写景，写游记，而是以景写情，体现出“志深而笔长，梗概而多气”的悲壮的建安文学风格。

陈琳所写的第四种作品多是为曹氏歌功颂德。如《神武赋》写道：“伫盘桓以淹次，乃申命而后征。觐狄民之故土，追大晋之遐纵……善魏绛之和戎。受金石而弗伐，盖礼乐而思终。陵九城而上济，起齐轨乎玉绳。车轩辚于雷室，骑浮厉乎云宫。晖曜连乎白日……旆既轶乎白狼，殿未出乎卢龙。威凌天地，势括十冲，单鼓未伐，虏已溃崩。克俊馘首，枭其魁雄。尔乃总辑瑰珍，茵毡幕幄，攘璎带佩，不饰雕琢，华玉瑶，金麟牙鹿，文贝紫瑛，缥碧玄绿，黼锦缋组……”极尽溢美之词赞颂曹军军容之威武、战役之成功。还有就是前文提到过的《答东阿王笺》，其中对曹植的才情也是极尽夸赞。

陈琳的这四类作品，有人将其总结为两种风格：一种是如表现建功立业雄心的《游览诗》，表现民生之艰难的《大荒赋》的悲壮之声；另一种是如以写神女丰姿玉质之《神女赋》的婉丽之音。然而陈琳的作品主要还是以符合建安风骨的慷慨悲壮之声为代表。魏文帝曹丕在《典论·论文》说：“琳、瑀之表章书记，今之隽也。”又在《与吴质书》中称“孔璋（陈琳）章表殊健”。文学评论家刘勰在《文心雕龙·檄移》评价陈琳的檄文“壮有骨鲠”。《文心雕龙·

才略》篇又云："琳、瑀以符檄擅声。"《准流一勺》则赞：陈琳"翩翩记室建安骨，大笔淋漓垂著作"。

论陈琳"壮有骨鲠"的文学成就，则其被称为乐府诗歌杰作的《饮马长城窟行》无疑最有影响：

饮马长城窟，水寒伤马骨。
往谓长城吏："慎莫稽留太原卒！"
"官作自有程，举筑谐汝声！"
男儿宁当格斗死，何能怫郁筑长城？
长城何连连，连连三千里。
边城多健少，内舍多寡妇。
作书与内舍："便嫁莫留住。
善侍新姑嫜，时时念我故夫子！"
报书往边地："君今出语一何鄙？"
"身在祸难中，何为稽留他家子？"
生男慎莫举，生女哺用脯。
君独不见长城下，死人骸骨相撑拄。
"结发行事君，慊慊心意关。
明知边地苦，贱妾何能久自全？"

本诗为乐府古题，属相和歌辞之瑟调曲。全诗以秦始皇驱使百姓修筑长城之史实为背景，前半段主要写了修筑长城的役夫不能忍受这非人的苦役，表示自己宁肯战死沙场为国捐躯也不愿修筑长城；后半段写役夫和妻子的书信。役夫忍着心中万分悲痛苦劝妻子改嫁，而妻子回信愿意以死相守，艺术地概括了这繁重徭役给无数家庭带来的悲苦。全诗别出心裁地利用对话展开情节，又用书信往返的形式，深刻地表现出男女主人公真实的内心世界和生死不渝的高尚情操。

全诗的语言简洁生动而又真挚感人。从文学史的角度来看，这首《饮马长城窟》使用五、七言相间的长短句，对唐代的诗歌创作形式产生了不小的影响。甚至有人指出，“诗圣”杜甫《兵车行》中“信知生男恶，反是生女好。生女犹得嫁比邻，生男埋没随百草”的句子，就是从陈琳《饮马长城窟》“生男慎莫举，生女哺用脯”的诗句中化出。

《饮马长城窟》和《为袁绍檄冀州文》、《檄吴将校部曲文》、《神武赋》、《武军赋》、《止欲赋》、《神女赋》、《无名诗六首》、《宴会诗》等作品，和三曹以及建安时代其他文士的雄文一起，在中国文学的长廊中托起了崇高群像，供后世瞻仰。

第三章

登楼以四望：七子冠冕，发愀怆词——王粲

王粲善属文，其诗赋为建安七子之冠。出生名门望族的他，极具才华。曾经以才学闻名天下的蔡邕，因为听说王粲来访，高兴得鞋子都顾不上穿而奔出门外迎接。王粲的仕途生涯十分曲折，以致最后染疾不医而死。因为王粲平生最喜欢听驴叫，所以死后好友为他学驴叫送行，成就史上有名的驴鸣送葬之佳话。

第一节 世族出身，随父西迁

王粲的曾祖父叫王龚，出生于山阳郡高平县，累世为大族。王龚年轻的时候被举为孝廉，没多久便升任青州刺史。王龚上任不久便上书弹劾贪污二千石的官员多人，受到汉安帝嘉奖，又升任尚书。公元 121 年（汉安帝建光元年），王龚升为司隶校尉，第二年迁为汝南太守。王龚为政崇尚温和，而且好才爱士，同郡的大名士黄宪、陈蕃等人都被他推荐做官。黄宪拒绝了王龚的厚爱，陈蕃接受邀请做了官吏。陈蕃是当时的大名士，性格高洁爽朗。当他到王龚的府上时，王龚没有立即召见，陈蕃有些不快，便留了个字条称病走了。王龚看见字条，非常生气，想在推荐名册上删除掉陈蕃的名。这时，功曹袁阆劝王龚说“我听人说‘人臣不见察于君，不敢立于朝’，就是说作为大臣，如没有对君王有益的建议，就没有脸面站在朝堂上。陈蕃是您按贤者引见的，他是对圣上有益之人，不应当按非礼辞退。”听了袁阆的话，王龚非常惭愧，连说：“是我的过错啊！”于是又很有礼貌地对待陈蕃。因此，后进知名的士人都非常敬重王龚。

5 年后，王龚被征召为太仆，转太常。又过了 4 年，王龚升为司空，同年因为地震被免职。公元 136 年（汉顺帝永和元年），王龚被任命为太尉。王龚被任命为太尉后，更加严肃谨慎地对待这份责任，如果没有公事，他不会和自己的州郡通书信。他也更加无私地推荐贤者为官，他所推荐并任命官职的人，都是海内德高望重的长者。当时，宦官屡屡专权，王龚深感责任重大，为了朝廷，他便不顾个人安危上书皇帝极言宦官祸害朝廷的恶行，请汉顺帝放逐这些宦官。宦官们看到王龚的奏折，十分恐惧，便让他们的宾客们罗织罪名上书弹劾王龚。汉顺帝看了奏折，命王龚赶快自己承认罪行。这时任大将军梁商从事中郎的前掾李固得知此事，便上书给梁商说："我今天听说圣上下命让太尉王公承认自己有罪，不知道这件事情的深浅如何。但据我所知，王公束身自修，砥砺节操，敦乐艺文，他不会索求那些不当得而得的东西，更不会不做那些不当做而做的行为。王公纯洁地坚守自己操守的贞洁，不会违背世俗，所以为一些小人所不满。这些人网络了那些没来由的罪名，以谗言诬陷王公，大家听了这个消息，没有不叹息惊怵的。太尉位列三公的尊位，他承助天子，位高权重，没有向法官诉冤之义。若有纤微的感慨，只需随便解决便罢。所以，旧的典章才规定，不是有大罪，不必审问（太尉）。太尉王公沉着聪明，不能对他非理。如果王公有什么变故，那朝廷就获得了陷害贤良的污名，全体大臣就有失救护的责任。以前绛侯周勃获罪，袁盎为他申诉，最终得以无罪释放；魏尚获罪，冯唐也为他申冤。文帝对这些事大加赞赏，还把这事载在书传中。现在将军您在内深得皇上赏识放心，在外掌握着国家的权力，您威信昭著，说话也为人们所重，您的指挥没有人敢违抗。以您这样的地位，应当立刻上表营救，拯救王公于危难之中。俗话说：'好人在患难中，饿着肚子等饭吃。'正是这个时候。"

读了李固的上书，梁商立即便进宫对皇帝说了王龚的事情，事情便这样解决了。

王龚在位 5 年后，因为年老多病，便上书请求回家养老，最终死在家里。

王龚的儿子叫王畅，即王粲的祖父。王畅字叔茂，年轻的时候就以清廉笃实被人们称道，他很少与人结交。王畅开始为官的时候也是被推举为孝廉，但王畅以养病为由，推辞不就。后来，大将军梁商特辟他为茂才，四迁尚书令，又被派到齐地为齐相。后来，王畅从齐相的位置被调到司隶校尉，进而转渔阳太守。王畅所到之处，都以严明为人所称道。后来，王畅因事获罪而被免官。而这个时候，朝廷的政事多归于尚书，汉桓帝便特诏三公，让他们推举有功、有才能的人为尚书。太尉陈蕃荐举王畅，说王畅清廉公正，有不可侵犯之品质，因此王畅再次被任命为尚书。

不久，王畅又被任命为南阳太守。在王畅之前的领着二千石俸禄的官员都害怕京城贵戚的淫威，大多不称职。王畅对此事深恶痛绝，他一到任就威猛而严格地执行律法，他们中间有犯罪的，都一一揭发，严格查办。但这个时候碰上朝廷大赦，事情也就了结了。王畅觉得这样不解恨，就另立了法条，规定凡受贿二千万以上而不自首承认的，就没收他的全部财物；如果胆敢隐瞒，就派人拆屋伐树、填井平灶。这种做法，让当地的一些恶势力大为震动。这时功曹张敞上书劝谏说："五教之要义在宽大，这已经写在经典上面。商汤外出，见有人张四面网捕捉动物，就命人去掉三面网，并说想左就左，想右就右，一切都入网，换来八方百姓都归服他的仁心。武王伐纣后入殷商，首先废除了纣王所兴的炮烙之刑，得到人民拥护。高祖入秦都，见秦代的苛政繁杂，只定约法三章，得到天下人的支持。孝文皇帝为缇萦上书赎父所感动，除去了肉刑，更换得天下称颂。卓茂、文翁、召父之徒，个个都疾恶如仇，但却办事温柔敦厚。仁爱贤明地为政，必能流传后世。那些贤明圣哲的君王，如同日、月、星三光明照在上，人物喜悦于下。这些话听起来似乎迂腐，但效果却很好。拆屋伐树，用这么严酷猛烈的手段来惩处那些犯罪的人，虽然是想警告犯罪的人，但恐怕这种事情传到远处影响不好。以明府（指王畅）上智的才华，犹如日月的光耀，要施行仁爱之政，使海内改变旧观，实在像折断一根树枝那么容易，而不会像挟泰山以超北海那么难。南阳郡是旧都城侯服甸服所在，这里的园陵庙宇出于帝陵。光烈皇后、和帝阴后、邓后都出生在新野，男女沾沐教化，百姓仰慕流风余韵。自从中兴以来（指光武中兴），功臣将相，兴隆不断。窃以为严苛的用刑还不如施行仁政之恩，勤勉地寻找揭发那些奸臣，还不如花心思礼贤下士。舜帝推举了皋陶，那些不仁之人就不敢再作恶了。晋国命随会执政，晋国的盗贼就跑到秦国去了。虞、芮二人有冤狱不能解决，便跑去找文王。到了周地，他们见耕田的人让于田畔，年轻的人让年长的。虞、芮二人非常惭愧，觉得自己所争，正是周人所耻。于是他们没有去见文王，彼此相让而归。可见，感化人在道德不在用刑。”

王畅最终完全采纳了张敞的劝谏，改严苛的律令为宽政，小心而慎重地用刑，简单地施行惩罚，郡中的教化大行。

南阳郡里的官僚大族，多以奢侈浪费相标榜。王畅平常只是穿布衣、盖皮褥，车马羸败，用自己的言行来矫正这种不好的风气。同郡 17 岁的刘表这时跟随王畅学习。刘表见王畅这样节俭，就劝王畅说：“奢靡不越上就不算过分，俭朴不强迫人照样做，循道行礼，所贵的是在可否之间，求适当而已。蘧伯玉就以独为君子而感到羞耻。府君您不尊崇孔圣人的明训，反而羡慕叔夷、伯齐那样琐屑细末的操守。这样是不是想以自己的皎洁自贵于世?”

王畅回答说：“从前公仪休在鲁国为相的时候，拔掉园葵，还和织布的妻子和离；孙叔敖在楚国为相，他的儿子披着皮袄去砍柴。以节俭而失败的很少啊。听了伯夷的高风亮节，贪污的人就会变得廉洁，怯懦的人就会有志而自强。我虽然没有奢靡德行，却非常羡慕古人的功业。”

后来王畅又被征为长乐卫尉。公元 168 年（汉灵帝建宁元年），王畅又升任司空，然而仅仅过了几个月，他就因为水灾而被免官。他第二年，就在家里去世了。

王畅的儿子为王谦，也就是王粲的父亲。王谦是大将军何进的长史。何进曾经以王谦是名公之贵胄，想和他通婚，就叫两个女儿出来拜见王谦，让他从二人中选择一个。但王谦拒绝了。公元 190 年（汉献帝初平元年），董卓劫持汉献帝迁都长安，其父以大将军长史的身份，王粲和父亲随献帝西迁长安。后来父亲因为疾病而免官，最后也在家过世。

第二节 少有才名，博闻强记

王粲年少的时候就很有才名，他博闻强记，有过目不忘之才。不但如此，他还非常善于做算术，他做算术常常能大致通晓道理。除了算术，王粲还善于做文章，拿起笔不一会儿便会写出一篇文章来。他的文章写好之后，没有什么可以更改之处。当时人们以为他的文章是照着某个文章的模板写出来的，然而反复地精心研究、深入思考后，发现还是不能更改。这才相信他的文采的确是实实在在的。

有一天，王粲和他的几个玩伴去郊外玩耍，走到半路，看见路旁立着一块石碑。只见那石碑上面刻满了密密麻麻的碑文。勤奋好学的王粲见石碑上写着字，就大声地朗读了起来。玩伴们知道王粲的记忆力很好，就对他说："王粲，凡是你读过的文章，读几遍就能背下来，不知道你能不能读完这个碑文，再把它再背出来？"

王粲也没有满口答应，而是谦虚地说："那我试试看吧。"

于是，在小伙伴的怂恿下，王粲把脸转过去，背着石碑，开始背起了碑文。小伙伴们一边听，一边很仔细地对着那碑文看。结果，他们惊奇地发现，王粲居然背得一字不差！王粲的这种“神功”让小伙伴们目瞪口呆，过了好长时间才情不自禁为他喝起彩来。

还有一次，王粲在一旁围观看别人下围棋，但一不小心把人家的棋盘给碰翻了。下棋的一个人非常生气地说：“这可怎么办呢？我们马上就要见分晓了，本可以赢他一盘，看，却让你给搅黄了！”

王粲连忙不停地说：“对不起，对不起，我不是故意的。”

那个下棋的人说：“说对不起有什么用？说句对不起又不会让我的棋局复盘。”

听了那人的话，王粲就说：“那我试试吧，看能不能把您的棋局复盘。”

那人惊愕得张大嘴巴，然后笑笑说：“你不要开玩笑，你怎么会让我们的棋局复盘？”

王粲不说什么，只是把棋盘摆好，然后又一一摆放棋子。摆好后，下棋的人和观棋的人都不信王粲摆的和原来被打乱的棋盘是一样的，就用一片布把棋盘盖了起来，要王粲另外再摆一盘棋子，看看两盘摆的是不是完全一样。王粲没有说什么，也没有犹豫，就在那盘摆好的棋盘旁边重新又摆了一盘。摆好后，经过大家的对照，居然一子儿不差。从此，王粲惊人的记忆力更是远近闻名了。

王粲随父亲迁居长安后，被当时最著名的学者蔡邕所赏识。

蔡邕，字伯喈，是当时享有盛名的文学家、书法家，是著名才女蔡文姬的父亲。蔡邕年轻的时候博学多闻，从当朝太傅胡广那里学习知识。蔡邕涉猎文学、数术、天文，造诣颇深，还擅长音乐。到汉桓帝时，中常侍徐璜、左悺等人祸乱朝政，擅权不法，他们听说蔡邕的琴弹得非常好，就让汉桓帝命令陈留太守督促蔡邕启程到京城任职。蔡邕不得已，只得启程，但走到偃师这个地方，就假称生病，又返回家中。蔡邕回家后，不和别人来往，只在家品玩古董，受东方朔、扬雄、班固、崔骃等人设疑自通的启发，就汲取百家之言，去伪从真，去粗取精，创作了《释诲》来警惕和自勉。渐渐他除了涉猎文学、数术、天文外，还通经史、善辞赋，还在书法方面精于篆、隶，名望极高。

董卓掌权后，强行征召蔡邕为官。蔡邕被迫前往京城，被任命为祭酒一职，深得董卓敬重。后来被举为高第、补任侍御史，又转任治书御史，后迁尚书。后来蔡邕被拜左中郎将（后人称其为“蔡中郎”）。随献帝迁都长安后，他又被封为高阳乡侯。以蔡邕当时的地位，俨然是当时的文坛巨匠和领袖，人们对他无不敬仰，因此家里常常高朋满座。

王粲到长安后，去蔡邕家拜访蔡邕。蔡邕早已听说王粲的大名，等门子通报王粲来访后，蔡邕惊喜地问：“你说是谁来访?”

门子又重复了一遍说：“高平王粲来访。”

“你说的可是三公之后、博闻强识的高平王仲宣?”蔡邕又确认了一遍，然后快速下榻去迎接他。由于太着急，蔡邕连鞋子都穿反了。

当时蔡邕的府上也有客人。大家看蔡邕这么着急，亲自去门口迎接，觉得蔡邕一定是去见什么大人物了。但是王粲进屋后，宾客们见蔡邕不顾穿鞋出去迎接的只不过是一个十几岁的孩子，而且看起来这个年轻人身材短小瘦弱，容貌丑陋古怪。见此状，大家大为惊讶，又非常失望。蔡邕看见大家的表情，就微笑着解释：“众位有所不知啊。这是王仲宣，乃王公叔茂（指王畅）的孙子，有特殊的才能，你我都不如他。我府上的书籍文章，都应该送给他，这样才算物归其主。”从此之后，王粲和蔡邕便成了忘年之交。

第三节 拒诏侍郎，荆州遇冷

王粲 17 岁那一年，朝廷听说他的才能，下诏赐他黄门侍郎一职。但王粲以西京扰乱为理由而拒绝了这个职位。辞了朝廷的官位，他把目光投向了南方的沃土——荆州。而此时，荆州的主人，正是那位和他的祖父王畅畅谈入学的刘表。

刘表在年轻时师从王畅，因此受到良好的儒家教育。他参加过太学生运动，和同郡人张隐、薛郁、王访、宣靖、公褚（绪）恭、刘祇、田林被当地人们称为八交（八顾）。党锢之祸发生后，刘表受到牵连被迫逃亡。党禁解除后，刘表又受大将军何进辟为掾，被何进推荐再次入朝，出任北军中侯。

公元 190 年（汉献帝初平元年），时任荆州刺史王睿被江东孙坚所杀。此时掌权的是董卓他经过考虑后，决定派刘表前往荆州继任王睿之职。但是，此时全国已四分五裂，通往荆州的道路上不但有袁术阻挡，还有很多强盗盘踞。刘表眼看无法直接上任，于是他决定隐瞒身份只身一人赴荆州，才得以顺利上任。这个时候，山东诸侯兵锋四起，江南又宗贼大盛，刘表就召集军队屯于襄阳。

刘表刚刚到达荆州时，江南大大小小的武装集团很多，而且袁术手下拥有所有南阳之众屯于鲁阳，威胁着荆州。除了这些，吴人苏代在长沙做太守，贝羽为华容长，他们都手握相当数量的民兵而称霸当地，这对荆州也是一个威胁。刘表到荆州时候，独自骑着一匹马就直接进入宜城。进城后，他召集延中庐县人蒯良、蒯越，襄阳人蔡瑁等人商议荆州的前途。刘表问他们："荆州宗贼甚盛，他们不愿归附朝廷，加上袁术取乱，我实在没想到，荆州的祸事已经发展到了今天这个境地！所以我希望在此征兵，但又恐这些兵士不能聚集，不知各位有何对策?"

蒯良首先回答："老百姓和那些地方强人组成的武装不归附朝廷的原因，是朝廷仁的不足；他们依附而不能使荆州兴盛，那就是义的不足。如果您能在荆州施行仁义之道，那么荆州的百姓的归附就会像水往下流，就不用担心百姓不归附从而去问兴兵之策了。"

刘表听了蒯良的回答没有作声，接着又问蒯越。蒯越回答道："在太平之世当以施行仁义为先，但在乱世当以行权谋为先。取胜之道不在于兵力强大，而在能得其人。袁术虽然兵力众多，然而他为人勇而无断，最终不会成什么气候。至于苏代、贝羽之徒，皆一勇之武夫，不足使君（指刘表）为虑。当地武装首领大多贪婪而残暴，他们的下属都害怕他们。我的手下有不少平日修养颇高的人，若派遣这些人去游说这些小头领，对他们示之以利害，这些宗贼首领必定持众而来投。等到他们来投，使君便诛杀这些人中的无道者，再抚慰而用其手下兵士。如此一来，我荆州一州之人，都乐于留守故乡，得知使君您为人有德，必定扶老携幼归附您。然后您可以兵集众附，南据江陵、北守襄阳，荆州八郡便可传檄而定。袁术等就算来攻，也是不能奈何我们了。"

听了蒯越的回答后，刘表长叹一声，说："子柔（指蒯良）的话，可以说是雍季那样有远见的话。而异度（蒯越，字异度）的分析，可以说是狐偃那样很实际的谋略。"于是，便使蒯越派人去全项引诱那些宗贼首领，果然来了55

人，刘表把他们全部杀掉，并对他们手下的人利用各种方式进行招降。但是还有江夏的张虎和据守襄阳的陈生两个人，刘表又派蒯越和庞季二人骑着马只身前往劝降，最后这两个人成功投降，荆州就此基本平定。刘表在荆州稳定了境内的局势以后，又收复了襄阳等地，同时有效地抵挡了江南孙氏的进攻。刘表从此驻兵襄阳，静候时机变化。

公元 193 年（汉献帝初平四年），为了逼走袁术，刘表切断了袁术的运粮通道。运粮通道被断，这对袁术的影响非常大，不但使得袁术无法安稳地盘踞在南阳，只得往兖豫方向出走，还间接加速了袁术与曹操的匡亭之战。匡亭之战，曹操追击袁术 600 里，最终大败袁术军团。袁术被打败，荆州的威胁立刻减少了许多，刘表在荆州的统治也更加巩固了。正是这个时候，王粲从京师南下来到了荆州。因为是故交，所以王粲对自己的荆州之行充满了期待。此时的荆州，在刘表的统治下，政局安稳，也是一个文人雅士聚集的地方。刘表除了用各种手段加强统治外，还采取了“爱民养士，从容自保”的策略，使得外地的战火很少殃及荆州。所以中原的百姓与文人名士为了躲避战乱，很多人迁徙到荆州归附刘表。知道王粲这个大才子要来荆州，刘表在给王粲的信中满是高兴之词，甚至打算将他招为东床快婿。但到荆州后，刘表看到的王粲是一个身材短小、长相丑陋之人，他很失望。而刘表又很看重外表，所以不但联姻之事最后只字未提，而且在政治上刘表也不怎么重用王粲，只是图他的名气，将他的文学才能为已所用罢了。

所以，虽然在荆州刘表幕府 10 余年，王粲始终只是刘表的一个非常普通的幕僚，他满腹的才华无法充分施展。王粲和当时的所有读书人一样，希望借助自己的满腹才华有所作为。但汉室江山早已落入各地割据乱战的军阀手中，他无法为朝廷出力，所以他辞去黄门侍郎一职。他想着刘表和自己的祖父是故交，加上荆州安定又文学繁华，本来可以有一番作为，但刘表并非他想的那样热忱，他的才能庸劣、量小识浅，又不知道重用自己。光阴似箭，日月如梭，时间就这样过着，而王粲觉得自己的前途越来越渺茫。想到此处，他心中竟涌起一股凄凉，情不自禁地写出一首诗来：

《七哀诗》之二

荆蛮非我乡，何为久滞淫？
方舟溯大江，日暮愁我心。
山冈有余映，岩阿增重阴。
狐狸驰赴穴，飞鸟翔故林。
流波激清响，猴猿临岸吟。
迅风拂裳袂，白露沾衣衿。
独夜不能寐，摄衣起抚琴。
丝桐感人情，为我发悲音。
羁旅无终极，忧思壮难任。

荆州这个地方本不是自己的故乡，那自己为何要在这里滞留这么久？虽然这里有广阔的大江，旗帜鲜明的大船，还有山岗包围，狐狸、飞鸟和猿猴到处游荡，但这些只能在落日之后引起王粲的哀愁。江山的风，早晨的白露，还有那夜间抚起的琴声，深深地刺激着王粲。最终那像一个羁旅之人那样忧愁，他忧愁什么呢？忧愁的是自己的抱负不能实现。

《七哀诗》之外，王粲还在此写出自己一生引以为傲的名篇佳作《登楼赋》：

登兹楼以四望兮，聊暇日以销忧。览斯宇之所处兮，实显敞而寡仇。挟清漳之通浦兮，倚曲沮之长洲。背坟衍之广陆兮，临皋隰之沃流。北弥陶牧，西接昭丘。

华实蔽野，黍稷盈畴。虽信美而非吾土兮，曾何足以少留！

遭纷浊而迁逝兮，漫逾纪以迄今。情眷眷而怀归兮，孰忧思之可任？凭轩槛以遥望兮，向北风而开襟。平原远而极目兮，蔽荆山之高岑。路逶迤而修迥兮，川既漾而济深。悲旧乡之壅隔兮，涕横坠而弗禁。昔尼父之在陈兮，有“归欤”之叹音。钟仪幽而楚奏兮，庄舄显而越吟。人情同于怀土兮，岂穷达而异心！

惟日月之逾迈兮，俟河清其未极。冀王道之一平兮，假高衢而骋力。惧匏瓜之徒悬兮，畏井渫之莫食。步栖迟以徙倚兮，白日忽其将匿。风萧瑟而并兴兮，天惨惨而无色。兽狂顾以求群兮，鸟相鸣而举翼。原野阒其无人兮，征夫行而未息。心凄怆以感发兮，意忉怛而憯恻。循阶除而下降兮，气交愤于胸臆。夜参半而不寐兮，怅盘桓以反侧。

这篇《登楼赋》是王粲登上麦城城楼，纵目四望后所写。文章以铺叙手法，从登楼极目四望看到的广袤土地开始写起，再写到忧时之慨，并把眷恋故乡、怀才不遇的感情非常巧妙地结合起来，重点分明，感情真挚，感人至深，的确算得上佳作。

文章开头虽然看起来是从眼前的景色写起，但实际从一个“忧”字写起的。“登兹楼以四望兮，聊暇日以销忧。”一个“忧”字，把这10余年在荆州的各种境遇全部表现了出来。就算是这个地方明亮宽敞少有匹敌，就算这个地方的有多么清澈而弯曲的沮水，就算是这个地方花果遮蔽原野，谷物布满田地，可是它再美又有什么用？这里不是自己的故乡，自己为什么要在这里逗留这么多年？

“遭纷浊而迁逝兮，漫逾纪以迄今。”自己因为战乱而不得不投奔荆州的故人，不知不觉10多年就这样过去了。10多年，对一个时刻思念故乡的人来说是多大的折磨啊！想想圣人孔子在陈国的时候，也说出“归欤”这样的话来，钟仪被囚禁时还不忘演奏家乡楚国的乐曲，庄舄做了很大的官但仍不忘家乡越国的语言，自己思念故乡又是多么地正常啊！

为什么如此地思念故乡，其实是在这里没有故乡那样的亲近。更主要的是，自己才华没有得到施展。所以他期望天下归一，以便在太平盛世施展自己的才华。想到这里，看到太阳下山，飞鸟归林，征夫赶路，自己的心情就凄凉起来，心中也充满了忧伤和悲痛。

虽然在荆州10多年，王粲没有得到重用，但他还有机会参与了很多文书起草。

公元198年（汉献帝建安三年），当时的长沙太守张羡起长沙、零陵、桂阳三郡的兵力讨伐刘表。刘表决定起兵平定这次叛乱。在起兵前，王粲亲自写了一篇《三辅论》，来强调刘表这次军事行动的正义性。《三辅论》中写道："长沙不轨，敢作乱违，我牧睹其然，乃赫尔发愤，且上征下战，去暴举顺。"指明刘表用兵是为了"去暴举顺"。最后，这篇文章被广为张贴、散发，收到很好的宣传效果。

官渡之战后袁绍病死，袁绍的两个儿子袁谭和袁尚为了争夺地盘不惜反目。刘表想要劝和这两个兄弟，就让王粲分别写了《为刘荆州谏袁谭书》和《为刘荆州与袁尚书》两封书信，送给袁谭和袁尚。《为刘荆州谏袁谭书》和《为刘荆州与袁尚书》两封书信分别劝解袁氏兄弟不要做阋墙之斗，自相残杀，而是应当联合起来一直对外，写得有情有理、"辞章纵横"。

第四节 劝降刘琮，投奔曹操

官渡之战后，曹操再经过远征乌桓等战事基本上平定了北方。曹操在稳定了中原的局面后把眼光放到了南方，而荆州这片沃土则成为他的第一个进攻目标。

而此时的刘表，则为了继承人问题而苦恼。刘表有两个儿子，大儿子刘琦与次子刘琮。最初，刘表因为长子刘琦长得非常像自己，所以十分喜爱他，就想立他为嗣子。但后来次子刘琮娶了刘表继室蔡氏的侄女为妻，蔡氏自然因为自己的侄女亲近刘琮而疏远刘琦。为了让刘琮顺利继承荆州的基业，蔡氏就经常在刘表面前说刘琦的坏话而夸奖刘琮。刘表当时非常宠幸蔡氏，于是就逐渐信以为真，开始疏远刘琦。而蔡氏的弟弟蔡瑁及外甥张允都深得刘表信任，蔡瑁、张允亦亲近刘琮，所以经常在刘表面前说刘琮的好话。渐渐地，刘表越来越疏远刘琦，更是打算立刘琮为子嗣继承他的基业。刘琦因蔡氏及其党羽的中伤而失宠于刘表，情急之下求教于诸葛亮。最终，在诸葛亮的建议下，刘琦主动请缨代替战死的黄祖出任江夏太守，以求自保。刘琦和刘琮兄弟之间因为继承问题生了仇隙。

刘琦出走江夏不久，刘表就生病了。后来刘表病重，刘琦回到襄阳特地探望。听说刘琦回来了，蔡瑁、张允等人怕刘表、刘琦父子二人相见而为亲情所感，会令刘表改变确立刘琮为嗣的主意。于是蔡瑁、张允二人不让刘琦入府探望，并说："你主动请缨去镇守江夏，不会不知道这是个非常的重任。如今你留下江夏的众兵将而擅自来到襄阳，主公知道后肯定会对你加以怒责。你这样做有伤亲情，最终只会使主公的病情恶化下去。你现在以孝为名来看他，其实这实在不是孝敬之道啊。"刘琦就这样被拒之于门外，不能与自己的父亲刘表相见，最后只得流涕而去。

公元 208 年（汉献帝建安十三年），曹操开辟玄武池训练水军准备进军荆州。七月，曹操正式进军南征荆州刘表。这年八月，一代枭雄刘表病死于荆州，其次子刘琮在蔡瑁等人的拥护之下接任荆州牧。

刘琮接手的荆州已经不是原来的太平之地，首先，他要面对来势汹汹的曹操。曹操大军压境，刘琮慌了阵脚，赶忙召集谋士商议对策。刘琮问："先父殉国不足一月，曹操亲率军向我荆州而来，如之奈何？"

这时，主张投降的人占绝大多数，王粲、蒯越、韩嵩及东曹掾傅巽等人极力劝说刘琮归降曹操。刘琮其实不想归顺，就又问："我刚刚继承父亲的基业，现在和诸位据守荆州，如此观望天下转变，不可以吗？难道非要投靠曹操？"

王粲答道："主公，现在不是作壁上观的时候，而是生死存亡之间。曹操率大军攻打荆州而来，绝不会空手而归。我们或战或降，都不可能安稳无事。"

傅巽也回答说："仲宣说得对。俗话说：'逆顺有大体，强弱有定势。'曹操现在挟天子以令诸侯，我们以臣下之名义抵抗天子之兵，这是叛逆之道。我们以正在恢复的荆州去对抗强大的中原，这必定是危险的事情。主公现在唯一可以依仗的或许是刘备，可是以刘备之兵力抵抗曹操也是不适当的。这三项我们都显得不足，而想用自己的兵力去抵抗朝廷的军队，这必定是自取灭亡啊。”

刘琮又问：“公悌（指傅巽）所言，以刘备抵抗曹操，是不适当的。刘备与我共为汉室宗族，依仗他去抵抗曹操为何反而不妥呢?”

傅巽没有直接回答，而是问：“主公觉得自己和刘备相比怎么样?”

刘琮稍稍犹豫了一下，答道：“吾不如刘备也。”

傅巽进而说道：“主公要依仗刘备，假如刘备不能拒曹操于荆州之外，那么我荆州必不能自存，您到时恐怕是曹操的阶下囚。如果刘备能抵抗得了曹操，那么刘备就不会再是主公您的臣下了，恐怕日后您会是刘备的阶下囚。所以，我们觉得归顺曹操是保佑主公、平安荆州的首选之策，希望主公不要再有疑虑了。”

刘琮听了这一番话，也不再说什么。而王粲等人又陈述了归顺曹操的好处，极力劝刘琮归顺曹操。最后，刘琮终于决定投降曹操。当曹操进军到襄阳时，刘琮就举州请降。刘备得知这个消息，只好出奔夏口投靠刘琦。刘琮投降后，曹操以他为青州刺史，封列侯。而因为力劝刘琮归附，加上曹操早就仰慕王粲的才学，因此王粲被曹操任命为丞相掾，赐爵关内侯。

王粲对曹操的赏识非常感激，他觉得自己的才华终于有了施展的机会，因此内心对曹操充满知遇之恩。有一次，曹操在汉水边大宴文武百官，王粲特地给曹操敬酒说：“之前袁绍崛起于河北，他倚仗兵多将广，想要夺取天下，但他虽然爱惜贤才却不能重用他们，因此有才能的人终归离他而去。刘表占据荆楚，安定内部之后，坐观时变，认为自己可以效仿西伯周文王成就伟业。荆州安定，天下贤士俊杰都投奔刘表而去，可刘表却仍然不重用这些海内的俊杰，结果当荆州有危难之际却没有人能辅佐他。明公您平定冀州之时，刚刚下车就忙着整顿冀州的军队，不但尽数收录当地豪杰，而且各尽其用，这才称雄天下。等您平定了江、汉之地，又征召江、汉一带的贤才各居其位。这样，天下归心，百姓望风归附，明公您文武并用，天下英雄都愿为您所用，这些都是夏禹、商汤、周文王等开国明君才能做到的事情啊！”

曹操听了王粲的夸赞，非常高兴。没过多久，王粲就被调任军谋祭酒。

第五节 汉末丧乱，绝无玉佩

王粲被调任军谋祭酒后，更加得曹操信赖。曹操甚至常与王粲一起同乘一辆车，游观出入。公元 213 年（汉献帝建安十八年），王粲被拜为侍中，同时开始主持了一项新的礼仪典章制度——佩玉制度。

佩玉是一个人身份的象征。早在周朝时期，就赋予了玉以高贵的含义。《周礼》中把玉赋以道德的理想和内涵，使得玉器向礼仪性玉器方向发展。春秋战国时期，主张“君子比德于玉”、“君子无故，玉不去身”。到东汉末年，由于战乱纷争，玉器的正常发展受到严重的影响，佩玉制度因此也一度被废除了。直到曹操统一北方，着手礼仪典章制度筹建时，新的佩玉制度也被提上日程。为什么新的佩玉制度的主持人会是侍中王粲？因为王粲博闻强识，而他又博物多上识，问他的问题没有答不对的。所以在当时旧仪废弛的背景下，要兴造新的制度，曹操只有来询问王粲。西晋著名谱学家挚虞记载说：“汉末丧乱，绝无玉佩，魏侍中王粲识旧佩，始复作之。今之玉佩，受法于粲也。”而《隋书·礼仪志》记载：“至明帝始复制佩，而汉末又亡绝。魏侍中王粲识其形乃复造焉。今之佩，粲所制也。”可见，王粲所创玉佩制度为旧时制度，自己并未做过大改样。然而王粲创立的玉佩制度却影响深远，这套制度从开始创立一直延续到隋唐时期。玉佩的造型也十分繁多，有飞蝠形、云形、梯形、半圆形等各色形状。玉佩挂于腰间革带上，悬垂于身体一侧，成为皇室成员或高级贵族的身份象征。

投靠曹操后，王粲不但受到曹操的赏识和重用，而且他同曹丕、曹植的关系也相当密切，并建立了非常友好的关系。曹丕、曹植不但非常尊重王粲，还经常作诗赋和王粲交流。

公元216年（汉献帝建安二十一年），王粲跟随曹操南下征伐孙权。在这期间，他写下了著名的《从军诗》来抒发自己的感慨：

一

从军有苦乐，但问所从谁。
所从神且武，焉得久劳师？
相公征关右，赫怒震天威。
一举灭獯虏，再举服羌夷。
西收边地贼，忽若俯拾遗。
陈赏越丘山，酒肉逾川坻。
军中多饫饶，人马皆溢肥。
徒行兼乘还，空出有余资。
拓地三千里，往返速若飞。
歌舞入邺城，所愿获无违。
昼日处大朝，日暮薄言归。
外参时明政，内不废家私。
禽兽惮为牺，良苗实已挥。

窃慕负鼎翁，愿厉朽钝姿。
不能效沮溺，相随把锄犁。
熟览夫子诗，信知所言非。

二

凉风厉秋节，司典告详刑。
我君顺时发，桓桓东南征。
泛舟盖长川，陈卒被隰坰。
征夫怀亲戚，谁能无恋情？
拊衿倚舟樯，眷眷思邺城。
哀彼东山人，喟然感鹤鸣。
日月不安处，人谁获常宁？
昔人从公旦，一徂辄三龄。
今我神武师，暂往必速平。
弃余亲睦恩，输力竭忠贞。
惧无一夫用，报我素餐诚。
夙夜自恲性，思逝若抽萦。
将秉先登羽，岂敢听金声！

三

从军征遐路，讨彼东南夷。
方舟顺广川，薄暮未安坻。
白日半西山，桑梓有余晖。
蟋蟀夹岸鸣，孤鸟翩翩飞。

征夫心多怀，凄怆令吾悲。
下船登高防，草露沾我衣。
回身赴床寝，此愁当告谁？
身服干戈事，岂得念所私？
即戎有授命，兹理不可违。

四

朝发邺都桥，暮济白马津。
逍遥河堤上，左右望我军。
连舫逾万艘，带甲千万人。
率彼东南路，将定一举勋。
筹策运帷幄，一由我圣君。
恨我无时谋，譬诸具官臣。
鞠躬中坚内，微画无所陈。
许历为完士，一言犹败秦。
我有素餐责，诚愧伐檀人。
虽无铅刀用，庶几奋薄身。

五

悠悠涉荒路，靡靡我心愁。
四望无烟火，但见林与丘。
城郭生榛棘，蹊径无所由。
雚蒲竟广泽，葭苇夹长流。
日夕凉风发，翩翩漂吾舟。

寒蝉在树鸣，鹳鹄摩天游。
客子多悲伤，泪下不可收。
朝入谯郡界，旷然消人忧。
鸡鸣达四境，黍稷盈原畴。
馆宅充廛里，士女满庄馗。
自非贤圣国，谁能享斯休？
诗人美乐土，虽客犹愿留。

组诗《从军诗》，除了内容上歌颂曹操英明神武受到后人批评外，也还是具有一定的艺术价值的。

如《从军诗（其三）》一开始便点明了这次行军的目的。“讨彼东南夷”中的“东南夷”，指的就是此时盘踞在江东的孙氏政权，江东孙氏正是曹操实现统一大业的主要对手。“从军征遐路，讨彼东南夷”，一“遐”一“讨”既写出了此次出征的规模之浩荡、气势之恢弘，也充分表现出了王粲此时内心的艰巨感和自豪感，又间接奠定了这首诗的慷慨激昂的基调。此时的王粲，已不是当年寄人篱下，登上樊城麦城城楼，纵目四望，感到眷恋故乡、怀才不遇的失意才子，而是意气风发的从军者。

从京师出发，一路载着将士们的巨型方舟沿着广阔的江河顺流而下，直到傍晚还没有靠岸宿营。日落西山，家乡在落日的余晖下依稀可见。这个时候，人们在秋风中听到蟋蟀的哀鸣，看到傍晚暮霭下孤鸟飞舞。王粲在交代了出征的目的后，就笔锋一转，以极为细腻的笔触和观察力生动地描绘了沿途的景物。“桑梓”说的是故乡，“桑梓”加上“薄暮”、“西山”、“蟋蟀”、“孤鸟”，看似写眼前之景，实际把人带入了一种悲凉之感。诗人为何会这样凄凉与悲伤？那是因为离开了故乡，踏上了一场未知的征程。这样写景，是以景写情，更是融情于景，情与景巧妙结合，使这部分描写有了很强的艺术感染力。

“征夫心多怀，凄怆令吾悲。”这正是眼前之境有悲凉气氛的本质原因。出征的战士不比王粲这样的文士，他们随时都有可能战死疆场，即便侥幸生还，也很难保证以后的平安。一旦从军，面临的是真正意义上的生离死别，这样的痛苦不可能不让随军的王粲无动于衷。因此他也感觉悲从中来，绵绵不断。为了排遣这种情绪，王粲下了战船登上高高的河堤，也回想起自己的故乡与经历，在河堤上踱步，河边的草露沾湿了他的衣服，他都没有知觉。良久，他才回到住的地方，上床就寝。但他已经柔肠寸断，肯定难以成眠，这样的忧愁要说给谁听？随军的王粲刹那好像被一种凝重的孤独、寂寞气氛包围住了，似乎跌进了痛苦的深渊。

但转念一想，自己怎能如此多愁善感？既然已经决定从军，怎么还要念及这一己的私心？军人的职责本就是保家卫国，既然决定随军征战，有上级的授命，万万不可违命而想一些其他事情。瞬间，这一转念，将王粲从沉迷中惊醒。最终，在国事与家事、事业与私情的面前，从军的王粲作出了理智的抉择，一个豪迈从军、一心为国的正面形象也随之凸现出来。

这首诗，王粲用很巧妙的方式来塑造了一个从军志士的形象，即用感情起伏的反差来突出内心的变化与抉择。诗的开头先通过景物描写，创造出一个孤寂、凄凉、悲愁的消极心境。当人们要被带入进去的时候，王粲又很快转换了情绪，表现出为了事业的成功，不惜抛弃个人利益的积极情绪。可以说，正是通过这种心理的落差巧妙地突出诗人内心的慷慨豪迈情怀，使得这篇作品具有了很高的艺术感染力。

《从军诗（其五）》同样是他随曹操征吴途中所作。前半部分以细节呈现了征吴途中的所见、所闻、所感。诗人“悠悠”地踏上了遥远的征程，但沿途荒无人烟，只能看见树林和那山丘，这正是频繁受战乱所扰的现实景象。还有残垣断壁，杂草丛生的道路，一幕幕地从这位忧国忧民的诗人眼前经过。那蒲苇满泽的荒野、随波漂浮的扁舟、凄厉哀鸣的寒蝉以及凌空飞翔的鹳鹄，在诗人眼前组成了一幅非常萧瑟凄凉的画面。以至于这位“客子”“泪下不可收”。诗人看似写景，实则将强烈的感情渗透在景物的描写之中，因而句句都隐含着对战乱的控诉。

然而当他进入谯郡界后，眼前曾经荒废、惨痛的景象都没有了。诗人的眼前只是看到鸡犬之声相闻、黍稷丰收、密集的巷宅、四通八达的大道，俨然一副百姓安居乐业的太平盛世景象。以至于诗人不由自主地发出感慨：如果不是圣贤治理这块地方，这块土地上的百姓怎么能享受这样美好的生活？谯郡本是曹操故里，谯郡未必有诗人笔下那样和睦美好。他之所以这样写，一个是对当权者、自己的主公、这次征战的最高指挥官曹操的赞颂，侧面表现出自己对曹操的感激；另一方面则是表现对战乱的厌恶与对和平的期待。最后这一句“诗人美乐土，虽客犹愿留”，与之前《登楼赋》中“虽信美而非吾土兮，曾何足以少留?”形成了强烈的对比。一方面表现出自己对和平乐土的向往，自己就算是外乡人也愿常居于此；另一方面，这首诗超出了所写随军的范围，而与之前《登楼赋》表现的怀才不遇和忧愁思乡之情形成了强烈的对比。通过个人心境的对比，自然可以知道王粲自己遇到了明主，自己的才能也得到了施展。这也就是王粲为什么要在这首诗中强烈赞美曹操的原因。其实赞美曹操，也是对自己目前状态的满足之感的抒发。

这首诗主要是通过战乱之后悲惨景象的描写和不受战乱影响的和平之地景象的对照，表达诗人反对军阀混战、向往安定幸福生活的愿望。但跳出自己对比之下想表达的现象，可以看出王粲冒着被清流人士所不齿的危险极力赞颂谯郡和曹操的背后，是他终于获得足够的重视的兴奋和此时获得的归属感。

第六节 征途染病，眉落而逝

王粲非常感激曹操，甚至为了得到足够的重视而起嫉妒之情。王粲凭借自己的才华得到曹操的重视，得到与曹操同乘车马、游观出入的机会。但他认为自己的待遇却远不及和洽、杜袭等大臣。杜袭有次找曹操谈事情，两人单独交谈一直到了夜半。王粲知道这个事情后，非常不快，就问和洽："不知曹公怎么衡量杜袭的地位?"和洽明白了王粲的意思，笑着回答："天下所有的事情您哪可能尽得呢? 先生在早上陪伴曹公左右便可，杜袭找曹公议事您就如此介意，难道是想尽兼侍主之时吗?"王粲听了和洽的话，有些羞愧，只好默默无语而去。

公元 217 年（汉献帝建安二十二年）的正月，曹操引军驻扎在居巢，而孙权则在濡须全力备战。二月，曹军进攻濡须，孙权帐下蒋钦和吕蒙负责指挥各路军队进行抵御。交战一个月后，曹操看收复东吴无望，便率军撤回，但留下伏波将军夏侯惇统领曹仁、张辽等 26 支部队继续驻守居巢。孙权这时派都尉徐详带着自己的亲笔信到曹操那里请降。曹操见信，大喜，并派使者回复，愿意与东吴建立友好的关系，并且发誓要与孙氏重结姻亲。这样，孙权留平虏将军周泰统领濡须的守军，也撤走了。这场战役以和平的方式收场，但是不幸的消息传来：王粲病倒了。军中人人传说，王粲的眉毛都掉了。

原来，据说王粲在非常年轻的时候，曾遇到“医圣”张仲景。张仲景一见王粲，便神色大变，对他说：“公子您身患重病，应该及早治疗，或许有救。如若不然，到了40岁，您的眉毛就会慢慢脱落。眉毛脱落后半年，您就会死去。听我一言，现在开始服五石汤，还有挽救的机会。”

可是，王粲对这些话根本不信，他从小到大并没有感觉到自己的身体有什么不舒服的地方，现在突然有人跑出来对他说这样的话，他自然不信。王粲不信，也没有听从张仲景的建议，没有服药。过了一段时间，张仲景又见到王粲，就问王粲：“公子您吃药没有?”看着张仲景诚实而又关切的样子，王粲不想让他失望，就骗他说：“已经吃了。”张仲景没有轻信他的话，仔细地观察了一下王粲的面色，看了很久，这位神医摇头不已，严肃而又满怀深情地对王粲说：“您就不要骗我了。您并没有吃药，您的神色跟以前一样，并没有丝毫好转。您为什么像蔡桓公那样讳疾忌医，而把自己宝贵的生命看得这样轻呢?”王粲看见张仲景严肃的样子，支支吾吾不知道说什么，随便说了句话搪塞了过去，但心中还是没有相信张仲景的话。恰好，在王粲40岁的时候，王粲的眉毛开始慢慢地脱落，他的确身患重病。于是大家才传闻，王粲的眉毛掉了，好像是神医的预言真正地实现了。

果然，公元217年（汉献帝建安二十二年）的四月，王粲在返回邺城途中病逝，年仅41岁。王粲的遗体运回之后，当时还是魏王世子的曹丕亲率众文士为王粲送葬。为了纪念这位朋友和知音，曹丕破天荒地对文士们提出了一个建议：“仲宣（指王粲）在世的时候最爱听驴叫，让我们学一次驴叫，为这个老朋友送行吧!”于是，大家看见在王粲的葬礼上，魏王世子曹丕率领当时有名的文士一起伸长脖子学驴叫，这场面既壮观，又悲凉。葬礼之后，曹植又亲自作《王仲宣诔》来缅怀这位友人：

建安二十二年，正月二十四日戊申，魏故侍中关内侯王君卒。

呜呼哀哉！皇穹神察，哲人是恃，如何灵祇，歼我吉士。谁谓不庸，早世即冥；谁谓不伤，华繁中零。存亡分流，夭遂同期，朝闻夕没，先民所思。何用诔德，表之素旗；何以赠终，哀以送之。遂作诔曰：猗欤侍中，远祖弥芳，公高建业，佐武伐商。爵同齐鲁，邦祀绝亡，流裔毕万，勋绩惟光。晋献赐封，于魏之疆，天开之祚，末胄称王。厥姓斯氏，条分叶散，世滋芳烈，扬声秦汉。

会遭阳九，炎光中矇，世祖拨乱，爰建时雍。三台树位，履道是钟，宠爵之加，匪惠惟恭。自君二祖，为光为龙，佥日休哉，宜翼汉邦。或统太尉，或掌司空，百揆惟叙，五典克从，天静人和，皇教遐通。伊君显考，弈叶佐时，入管机密，朝政以治。出临朔岱，庶绩咸熙，君以叔懿，继此洪基。既有令德，材技广宣，强记洽闻，幽赞微言。文若春华，思若涌泉，发言可咏，下笔成篇。何道不洽，何艺不闲，棊局逞巧，博弈为贤。皇家不造，京室陨颠，宰臣专制，帝用西迁。君乃羁旅，离此阻艰，翕然凤举，远窜荆蛮。

身穷志达，居鄙行鲜，振冠南岳，濯缨清川，潜处蓬室，不干势权。我公奋钺，耀威南楚，荆人或违，陈戎讲武。君乃义发，算我师旅，高尚霸功，投身帝宇，斯言既发，谋夫是与。是与伊何，响我明德，投戈编都，稽颡汉北。我公实嘉，表扬京国，金龟紫绶，以彰勋则。勋则伊何，劳谦靡已，忧世忘家，殊略卓峙。乃署祭酒，与君行止，算无遗策，画无失理，我王建国，百司俊乂。君以显举，秉机省闼，戴蝉珥貂，朱衣皓带。人侍帷幄，出拥华盖，荣耀当世，芳风晚蔼。嗟彼东夷，凭江阻湖，骚扰边境，劳我师徒。光光戎路，霆骇风徂，君侍华毂，辉辉王涂。思荣怀附，望彼来威，如何不济，运极命衰。寝疾弥留，吉往凶归，呜呼哀哉！翩翩孤嗣，号恸崩摧，发轸北魏，远迄南淮，经历山河，泣涕如颓。哀风兴感，行云徘徊，游鱼失浪，归鸟亡栖，呜呼哀哉！吾与夫子，义贯丹青，好和琴瑟，分过友生。庶几遐年，携手同征，如何奄忽，弃我夙零。感昔宴会，志各高厉，予戏夫子，金石难弊。人命靡常，吉凶异制，此欢之人，孰先殒越？何寤夫子，果乃先逝，又论死生，存亡数度。子犹怀疑，求之明据，傥独有灵，游魂泰素。我将假翼，飘飖高举，超登景云，要子天路。丧柩既臻，将反魏京，灵輀回轨，自骥悲鸣。虚廓无见，藏景蔽形，孰云仲宣，不闻其声。延首叹息，雨泣交颈，嗟乎夫子，永安幽冥。人谁不没，达士徇名，生荣死哀，亦孔之荣。呜呼哀哉！

曹植的长篇诔文深情地缅怀了王粲，对王粲极尽赞叹，而且写道“吾与夫子，义贯丹青。好和琴瑟，分过友生。庶几遐年，携手同征。如何奄忽，弃我夙零”。可见他与王粲的交情确实非同寻常。

《三国志》作者陈寿评价王粲时说：“昔文帝、陈王以公子之尊，博好文采，同声相应，才士并出。惟粲等六人最见名目。而粲特处常伯之官，兴一代之制，然其冲虚德宇，未若徐干之粹也。”肯定王粲的才华的同时，也提出王粲“冲虚德宇”不如徐干那么纯粹。

魏国郎中鱼豢在所著《典略》中评价王粲：“粲才既高，辩论应机。钟繇、王朗等虽各为魏卿相，至于朝廷奏议，皆阁笔不能措手。”

南朝史学家、文学家沈约在评价建安文学时说道：“至于建安，曹氏基命，二祖陈王（指的是曹操、曹丕、曹植和王粲），咸蓄盛藻，甫乃以情纬文，以文被质。自汉至魏，四百余年，辞人才子，文体三变。相如巧为形似之言，班固长于情理之说，子建、仲宣（指王粲）以气质为体，并标能擅美，独映当时。”

王粲有两个儿子，但受当时魏讽叛乱一案的株连，都被处决了。王粲的儿子被处决的时候，曹操正在征战汉中，他听说王粲的儿子都被处决后，悲情地长叹一声：“孤若在京师，必不使仲宣（王粲）绝后。”

第七节 七子冠冕，发愀怆词

钟嵘在《诗品》中评价王粲的文风：“发愀怆之词，文秀而质羸。”由于王粲的杰出文采，他不但和孔融、陈琳、徐干、阮瑀、应玚、刘桢一起被列为“建安七子”，而且是公认的“建安七子”中成就较大的一个，因此他与曹植并称“曹王”。梁朝大文学评论家刘勰在其著作《文心雕龙·才略》中赞誉王粲为“七子之冠冕”。

据陈寿《三国志·王粲传》载，王粲在荆州“着诗、赋、论、议垂六十篇”，梁元帝萧绎《金楼子》称王粲在荆州“着书数十篇……知名之士咸重之”。据《隋书·经籍四》记载，王粲存诗达 11 卷，但亡佚颇多，其中可以考定的诗篇有《赠士孙萌》、《赠文叔良》、《赠蔡子笃》、《思亲为潘文所作》、《七哀诗》等 23 首。

王粲的诗歌是其“着诗、赋、论、议垂六十篇”中最主要的部分，其诗歌总体来说有苍凉悲情慷慨、笔调沉郁的特点。在王粲现存的 23 首诗歌中，不论是体制上还是风格上都表现除了不同的时间风格特征。

同王粲的仕途遭遇一样，他的文学活动基本可以从建安十三年（公元 208

年）的归附曹操为界划分为前后两个时期。前期，王粲主要在荆州过着寄人篱下不被重用的生活，他亲历过战乱灾祸，自己的才华又长期得不到施展的机会，忧国忧民之情和怀才不遇之愤交织在一起，使他的诗歌创作笼罩着一层悲凄愤悱的情调。

拜读这一阶段王粲所作的诗，不仅诗词意境凄美，而且悲情慷慨、笔调沉郁。如《七哀诗之荆蛮非我乡》，就很好地诠释了这一特点。又如《赠文叔良》表现情谊之深厚：

翩翩者鸿，率彼江滨。
君子于征，爰聘西邻。
临此洪渚，伊思梁岷。
尔行孔邈，如何忽勤。
君子敬始，慎尔所主。
谋言必贤，错说申辅。
延陵有作，侨肸是与。
先民遗迹，来世之矩。
既慎尔主，亦迪知几。
探情以华，睹著知微。
视明听聪，靡事不惟。
董褐荷名，胡宁不师？
众不可盖，无尚我言。
梧宫致辩，齐楚构患。
成功有要，在众思欢。
人之多忌，掩之实难。

瞻彼黑水，滔滔其流。

江汉有卷，允来厥休。

二邦若否，职汝之由。

缅彼行人，鲜克弗留。

尚哉君子，异于他仇。

人谁不勤？无厚我忧。

惟诗作赠，敢咏在舟。

“众不可盖。无尚我言。梧宫致辩。齐楚构患。成功有要。在众思欢。人之多忌。掩之实难。”这几句看起来语言平实无华，但却十分精辟。王粲正是通过这些话，表现出对好友的担忧，可说用心良苦，感人至深。这也是他深邃思想和成熟文笔的体现。

后期，王粲投入曹操幕府，一方面受到中原地区基本一统大好形势的鼓舞，另一方面也因受到曹操赏识担任重要官职而激发起建功立业的雄心。所以，这一时期，王粲的诗歌创作风格又转变为激奋昂扬。如写于随曹操征吴途中的《从军诗》五首，便对曹军作了热烈歌颂，同时也表达了王粲自己从军征战、建功立业的极大信心。

除了诗歌，王粲的赋同样在文学史上占有非常重要的地位。

汉赋形成于汉朝初期。贾谊首开汉赋之风，写出传世经典《吊屈原赋》和《鹏鸟赋》。后在汉武、宣、元、成帝时代，达到全盛期。如“赋圣”司马相如作赋就达 29 篇（现仅存《子虚》、《上林》、《大人》、《长门》、《美人》、《哀二世》6 赋）。其中，司马相如的《子虚赋》和《上林赋》基本代表了汉赋的最高成就。自西汉末期至东汉中期，汉赋作者以扬雄、班固最为著名。但此时汉赋再也无法超越前人作品，汉赋进入模拟期。从东汉中末期，汉赋开始注入新的内容，内容更加接近现实。如张衡的《归田赋》，抨击社会政治，表达自己的不满情绪。蔡邕的《述行赋》使其成为汉赋第二大家。

在结构上，汉赋一般都由序、本文和被称作“乱”的结尾三部分组成。汉赋可分为大赋和小赋。大赋又叫散体大赋，一般有规模盛大、结构恢宏、气势磅礴、文风华丽的特点，往往是成千上万言巨制。贾谊、司马相如、扬雄、班固、张衡等都是大赋名家。小赋摒弃了大赋篇幅冗长、注重辞藻堆砌而缺乏情感等缺陷，在保留汉赋文采飞扬这一优点的基础上，创造出篇幅较小、注重讥讽时事、抒情咏物的短篇小赋，而王粲、蔡邕、祢衡等成为小赋的高手。如王粲的《登楼赋》就成为抒情小赋的代表作。

《登楼赋》之所以成为小赋的代表作，是因为它打破了大赋那歌功颂德的体制，开始面向现实，反映社会黑暗，讥讽时事。在表现手法上，王粲一反汉赋雕琢的作风，虽然有所铺陈但不作连类繁举，化繁为简但又颇有想法。比如他用直接抒情和间接抒情结合的手法，写景简洁明快，抒情又深切动人，为魏晋以后的短赋开了先河。正是因为这样，《登楼赋》与曹植的《洛神赋》一起被誉为建安文学巅峰，后人亦将王粲与曹植并称“曹王”。

又如曹植的《鹖赋》写鹖鸟，称赞它孤傲和刚烈，以及它那勇猛的斗争精神，具有很强的现实象征意义。而王粲在《莺赋》称赞莺鸟“日奄蔼以西迈，忽逍遥而既冥。就隅角而敛翼，眷独宿而宛颈。历长夜以向晨，闻仓庚之群鸣”。咏物抒情，表达他早期孤独无助的伤感之情，这就是他真实的生活感受。

除了这些，王粲还有《寡妇赋》、《出妇赋》等作品，文中对寡妇、出妇（被丈夫休弃的妇女）同情歌咏的作品，具有很强的社会意义。他在《寡妇赋》中写道：“观草木兮敷荣，感倾叶兮落时。人皆怀兮欢豫，我独感兮不怡。”以此来表现寡妇内心的痛苦。他在《出妇赋》中写道：“既侥幸兮非望，逢君子兮弘仁。当隆暑兮翕赫，犹蒙眷兮见亲。更盛衰兮成败，思情固兮日新。竦余身兮敬事，理中馈兮恪勤。君不笃兮终始，乐枯荑兮一时。心摇荡兮变易，忘旧姻兮弃之。马已驾兮在门，身当去兮不疑。揽衣带兮出户，顾堂室兮长辞。”以此来表现对负心汉的谴责和对弃妇的同情。这在当时是非常难得的，展现了王粲深厚的人文情怀，也可以看出他极强的社会责任感。

王粲一生既幸运又不幸。幸运的是他著作等身，作品在建安七子中一时无两；不幸的是他生在乱世，死于疾病，没能留下更多更具文采、艺术价值的作品。

第四章

察风流浊清：彬彬君子，澹然自守——徐干

徐干“轻官忽禄，不耽世荣”。他“潜身穷巷，颐志保真”，虽“并日而食”，过着极贫寒清苦的生活，却从不悲愁。他曾拒绝了曹操的邀请，但是看到中国统一有望，又回到了曹操的麾下。极有文学才赋的他，在曹操麾下任职五六年就辞官归隐了，留给历史一个背影。

第一节 轻官忽禄，不耽世荣

第一次党锢之祸后，汉桓帝驾崩，太傅陈蕃与大将军窦武共主政。公元168年（汉灵帝建宁元年）汉灵帝即位，任命窦武为大将军，恢复陈蕃太尉一职。大将军窦武和太尉陈蕃再次提拔并重用李膺、杜密、尹勋、刘瑜等人，百姓以为盛世就要到来了。但一年后，党锢之祸又重演（史称第二次党锢之祸）。年过八旬的太尉陈蕃被害，大将军窦武被逼自杀。这个时候，有亲友劝李膺回乡避难。但李膺却回答：“侍奉君主不能遇到灾难就去躲避，更有罪就逃脱刑罚。这是我一贯的原则。而且我已经60岁了，生死皆命中注定，要是跑还能跑到什么地方去呢？”说罢便主动投身监狱，最终被拷打而死。

陈蕃和李膺死后，世人皆痛哭而言：“天下模楷李元礼（李膺，字元礼），不畏强御陈仲举（陈蕃，字仲举），天下俊秀王叔茂（王畅，即王粲的祖父）。”

李膺等人死后第三年，即170年（汉灵帝建宁三年），一个婴儿在北海郡剧县呱呱坠地。这个婴儿，正是日后名震寰宇的徐干。徐干生于读书世家，自小就非常聪明。及入学年龄时，他开始诵读经书。他读书时声音琅琅，就像那钟鼓般洪亮悦耳，让人称奇。不仅如此，徐干凡是诵读过的文章，常常能过耳不忘。因此，他在非常小的时候就记下了几十万字的文章。到了14岁时，徐干在父亲的指导之下，开始系统地接触儒家经典。为了学有所成，他发愤忘食，“焚膏油以继晷”，终日学习而不知疲倦。他这样“拼命”学习，连父亲都看不下去了。父亲觉得徐干身体本来就非常瘦弱，再这样“卖命”地学习读书，会累坏了身体，所以经常禁止徐干再这样连续不间断地读书。

求知欲终究是禁不住的，20岁一过，徐干更加认真地学习了。他不但白天研究各种经典经书、纬书，而且晚上常常夜观天象，探求宇宙万物的奥秘。遇到不懂的地方，他就非常虚心地向别人求教。要是别人给他讲解，他自己又没有弄懂这个知识，便会感到非常耻辱和愧疚。这样下来，徐干不仅对儒家的《易经》、《尚书》、《诗经》、《仪礼》、《春秋》等经典如数家珍，而且对子书、史书、集部等相关著作也是了如指掌。终于，徐干能出口成章，下笔成文，成了远近闻名的才子。

但诚如前面所说，徐干生活的时代正是东汉末期的乱世。等党锢之祸后，又发生黄巾军起义。黄巾军起义后，为全力清剿黄巾军，汉灵帝才在大将军何进的建议下同意免除亲属关系与党人在小功以外者的禁锢。可是，好景不长，在与宦官的斗争中，何进被杀，董卓趁此作乱京师，四处抢掠，残暴百姓。天下群雄闻听董卓暴行，纷纷起兵，汇集十八路军队直奔京师洛阳而来。见联军到来，董卓携着献帝直奔长安而去。为了防止百姓逃回故都洛阳，也为了给联军不落下东西，董卓竟残忍地将整个洛阳城以及附近200里内的宫殿、宗庙、府库等全部焚毁。面对这一切，早已懂事的徐干感慨万千，其名篇《齐都赋》约作于这一背景下：“齐国实坤德之膏腴，而神州之奥府。其川渎则洪河洋洋，发源昆仑。惊波沛厉，浮抹扬奔。南望无限……蒹葭苍苍，莞菇沃若。瑰禽异鸟，群萃乎其间。带华蹈縹，披紫垂丹。应节往来，翕习翩翩。灵芝生乎丹石，发翠华之煌煌。其宝玩则玄蛤抱玑……构厦殿以宏覆，起层榭以高骧。

龙楹螭桷，山岂云墙。其后宫内庭，嫔妾之馆，众伟所施，极巧穷变。然后修龙榜，游洪池，折珊湖，披琉璃。日既返而西舍，乃返宫而栖迟。欢幸在侧，便嬖侍偶。含清歌以咏志，流玄眸而微眄。竦长袖以合节，纷蹁跹其轻迅。王乃乘鎏玉之辂，驾玄驳之骏。武骑星散，征鼓雷动，旌旗虹乱，盈乎灵圃之中。于是羽旄咸兴，毛群尽起。上蔽穹庭，下被皋薮。”

表面上看，这篇《齐都赋》描写王府建筑、内庭生活，表现了作者对齐都临淄细致入微的观察与赞美。而后以此为铺垫，对王府宫廷糜烂奢侈的生活进行了讽刺，颇有借古讽今之意。总体来说，这篇文章既体现了他对故乡齐地壮丽景色的爱慕，也有一定的借古讽今，然而在这赞美与讽刺之下，隐隐地流露出他有意归隐。

自然，他的归隐之程没有那么顺当。董卓之后，天下诸侯割据之势愈演愈烈，战乱也不断地波及老百姓。为了扩大实力，争取天下，各地诸侯都纷纷招纳贤才。徐干自然就是众多诸侯势力拉拢的重点对象。因此，到徐干家里来拜访的各色人物越来越多，络绎不绝。徐干一一婉拒了这些人。他以为，天下正是大乱之时，不是他这样的文人出头之日，而是武人用命驰骋疆场建功立业之时。如果在乱世投主，便会像孔子困于陈蔡那样，不但所作所为显得无足轻重，还会让自己受困。所以，徐干在当时比较主张荀卿、颜渊的美好德行，而认为孟子不谙世道，一意孤行。不得不说，徐干当时的分析是有一定道理的。当时朝野奸雄四起，而徐干自己始终是怀着明君道、致太平的远大理想。只不过他是在等待着圣主的出现，来实现自己的人生价值而已。除了主观上的原因，当时徐干确实患上了比较严重的痞疾，静养读书只能是首选。徐干拒绝各路诸侯的邀请，被人们称为“轻官忽禄，不耽世荣”，说他轻视那些高官厚禄，也不羡慕俗世的荣华富贵。徐干的名气越来越大了。

第二节 潜身穷巷，颐志保真

在当时络绎不绝请求徐干出山的人中就有当时颇具实力的曹操。曹操请人捎来任命函，拜他为司空军谋祭酒参军、五官将文学。面对如此优厚的条件，徐干同样以病辞官。他“潜身穷巷，颐志保真”，过着凄苦的生活。辞官后，徐干的生活凄苦程度，常人难以想象。他有时两天三天才能得一天的粮食，但是却从不悲愁。曹操听说他生活凄惨，又任命他为上艾长，但徐干仍称疾不就。

当时曹操正在为北方的统一做准备，也没有再去请徐干。

公元 196 年（汉献帝建安元年），曹操迎来他人生的重要转折点。这年八月，他迎汉献帝，并劝说献帝迁都许昌。汉献帝为表彰曹操的营救，特地封他为司隶校尉，录尚书事。十一月，又封曹操为司空，行车骑将军事，百官总己以听。

公元 197 年（汉献帝建安二年），曹操征张绣。张绣举众投降后复叛，由于事发突然，曹操折损数员大将。后，曹操两度攻击张绣。这年九月，曹操征袁术，袁术弃军而逃至淮河。公元 198 年（汉献帝建安三年）四月，曹操遣裴茂、段煨讨李傕，灭之三族。九月，曹操征徐州吕布。十二月，吕布下城投降。公元 199 年（汉献帝建安四年），曹操派史涣、曹仁等击眭固，取河内郡。从此，曹操的势力范围扩张到了黄河以北。公元 200 年（汉献帝建安五年），袁绍命颜良进兵白马，自己亲自率领另一路大军进屯黎阳，向曹操发动进攻。自此，决定北方局势的官渡之战拉开了序幕。四月，曹操亲自率兵解白马之围。八月，袁绍大军进逼官渡，曹操分兵坚守。十月，袁绍谋士许攸投奔曹操，献计偷袭乌巢。曹操听从其计谋偷袭乌巢并杀死守将淳于琼。乌巢败讯传来，袁绍大将张郃、高览等人率部归降曹操，袁军溃散，袁绍也弃军逃回黄河以北。官渡之战，以曹军大获全胜，斩首 7 万余人而结束。官渡之战后，由曹操统一北方已是大势所趋。

在当时诸多割据军阀中，曹操是最具雄才大略、远见卓识的人。他平定北方后，开始励精图治，不但施行各种抑制豪的强政策而且设法减轻农民的负担，得到了广大人民的拥护和支持。在这种情况下，曹操又开始宣传自己“招贤纳士”的政策，一时间，许多出身清贫的有志报国之士，都投奔曹操而来。求贤若渴的曹操将诏命再次送到徐干家，这次徐干没有拒绝。他应曹操邀约，毅然投奔邺下，做了曹氏父子的幕僚，这年他已经 37 岁了……徐干虽然以乱世为借口归隐，但是他始终心怀天下，只是没有找到合适的时机而已。而在曹操统一北方后，徐干看到了自己施展才华、建功立业的机会已经到了，便毫不犹豫地开始了自己的仕途之路。

公元 208 年汉献帝建安十三年，曹操南征刘表。刘表死，其子刘琮归降。曹操想趁此击败孙权与刘备，一统中国，因此在赤壁准备战事。曹操在赤壁大战前长江之畔踌躇满志吟诵千古绝唱《短歌行》：

对酒当歌，人生几何！譬如朝露，去日苦多。

慨当以慷，忧思难忘。何以解忧？唯有杜康。

青青子衿，悠悠我心。但为君故，沉吟至今。

呦呦鹿鸣，食野之苹。我有嘉宾，鼓瑟吹笙。

明明如月，何时可掇？忧从中来，不可断绝。

越陌度阡，枉用相存。契阔谈谎，心念旧恩。

月明星稀，乌鹊南飞。绕树三匝，何枝可依？

山不厌高，海不厌深。周公吐哺，天下归心。

这首《短歌行》既是战前的抒情，也是一首优美的求贤令。这曲“求贤歌”因为运用了诗歌的形式，具有丰富的抒情成分，起到了独特的感染作用，有力地宣传了自己的主张。

曹操作诗之后，随军南下的徐干、曹丕、阮瑀、王粲等也作赋纪念。曹丕作《述征赋》（建安之十三年，荆楚傲而弗臣，命元司以简旅，予愿奋武乎南邺，伐灵鼓之硼隐兮，建长旗之飘飖，曜甲卒之皓旰，驰万骑之浏浏，扬凯悌之丰惠兮，仰乾威之灵武，伊皇衢之遐通兮，维天网……），阮瑀作《纪征赋》（奋皇佐之丰烈，将亲戎乎幽邻，飞龙以云曜，披广路而北巡，崇觺郁其嵯峨，华宇烂而舒光，摛云藻之雕饰，流辉采之浑黄……），王粲作《初征赋》（违世难以迴折兮，超遥集于蛮楚，逢屯否而底滞兮，忽长幼以羁旅，赖皇华之茂功，清四海之疆宇，超南荆之北境……），而徐干作了一首《序征赋》：“余因兹以从迈兮，聊畅目乎所经，观庶士之缪殊，察风流之浊清。浴江浦以左转，涉云梦之无陂。从青冥以极望，上连薄乎天维。刊梗林以广涂，慎沮洳以高蹊。揽循环其万艘，亘千里之长湄。行兼时而易节，迄玄气之沮微慎道苍神之受谢，逼鹎鸟之将栖。虑前事之既终，亦何为乎久稽。乃振旅以复踪，溯朔风而北归。及中区以释勤，超栖迟而无依。”

虽然在稍后的赤壁之战中，曹操被孙权、刘备联军所击败，但在文学创作方面来说，可谓是硕果累累，是一场不折不扣的以文会友的文学饕餮盛宴。

公元 211 年汉献帝（建安十六年）正月，曹丕被拜为五官中郎将、副丞相。徐干由于文采突出被选为五官中郎将文学，主要掌校典籍、侍奉文章。从此，徐干正式成为曹丕的文学侍从。成为曹丕的文学侍从后，徐干有更多的机会结识很多邺下剧集的文人名士。他和这些名士一起交游酬唱，并迎来了自己文学创作上的高峰，在此期间佳作不断。

公元 211 年汉献帝（建安十六年）七月，曹操西征马超，这次五官中郎将、副丞相曹丕留守邺城，而曹植、徐干、阮瑀等人随军出征。艰苦的军旅生活，自然刺激了这些文学家的创作欲望。特别是曹军军事上的节节胜利，使得他们由衷地抒发个人心中的各种情怀，在此创作佳作。

曹植写有《离思赋》："在肇秋之嘉月，将耀师而西旗。余抱疾以宾从，扶衡轸而不怡。虑征期之方至，伤无阶以告辞。念嗣君之光惠，庶没命而不疑。欲毕力于旌麾，将何心而远之！愿我君之自爱，为皇朝而宝已。水重深而鱼悦，林修茂而鸟喜。"

王粲写有《咏史诗》：

自古无殉死，达人所共知。
秦穆杀三良，惜哉空尔为。
结发事明君，受恩良不訾。
临没要之死，焉得不相随。
妻子当门泣，兄弟哭路垂。
临穴呼苍天，涕下如绠縻。
人生各有志，终不为此移。
同知埋身剧，心亦有所施。

生为百夫雄，死为壮士规。

黄鸟作悲诗，至今声不亏。

徐干也作有《西征赋》："奉明辟之渥德，与游轸而西伐，过京邑以释驾，观帝居之旧制，伊吾侪之挺劣，获载笔而从师，无嘉谋以云补，徒荷禄而蒙私，非小人之所幸，虽身安而心危，庶区宇之今定，入告成乎后皇，登明堂而饮至，铭功烈乎帝裳。"

徐干的《西征赋》以刚劲的文笔说明他们此行的目的，强调北方安定统一的局势，也歌颂了曹操的战功。《西征赋》和此次征战期间的众多作品，无疑成了当时文坛上又一次群英荟萃。

第三节 箕山之志，彬彬君子

公元 213 年（汉献帝建安十八年）五月，汉献帝以冀州十郡封曹操为魏公，以丞相领冀州牧如故。汉献帝又给曹操加九锡：大辂、戎辂各一，玄牡二驷；衮冕之服，赤舄副焉；轩县之乐，六佾之舞；朱户以居；纳陛以登；虎贲之士三百人；斧、钺各一；彤弓一，彤矢百，玈弓十，玈矢千；秬鬯一卣，圭、瓒副焉。这样，曹操已在名义上基本取代了汉天子。他不但可以像汉丞相萧何一样入朝拜见皇帝时可以带剑穿鞋，还享受行君臣礼时赞礼官不呼其姓名而只称其官职的礼遇。

十一月，魏公曹操初置尚书、侍中、六卿：以荀攸为尚书令，凉茂为仆射，毛玠、崔琰、常林、徐奕、何夔为尚书，王粲、杜袭、卫觊、和洽为侍中，钟繇为大理，王修为大司农，袁涣为郎中令、行御史大夫事，陈群为御史中丞。

曹操的这一系列举动自然引起了效忠于汉室的大臣的警惕，甚至有些人采取过激的行为来反抗曹操。曹操了解了这些举动，便诛杀了许多忠于汉室的大臣，一时间使得人心惶惶。

公元 214 年（汉献帝建安十九年），曹植被封为临淄侯，徐干也被任为临淄侯文学。临淄侯文学没做几天，徐干又动了归隐的念头。此时，接连不断的政治斗争让独揽大权的曹操对身边人越来越猜忌。想到这里，徐干就想到了董卓专权的黑暗时代，内心萌发了归隐避祸、明哲保身的想法。而且，徐干本身身体不是很好，便以疾病为由辞去官职回到家乡。

得知徐干要辞去官职回家，曹植非常难过，他知道自己将失去一个文学上的伙伴。随即写下《赠徐干》一诗，抒发自己的和徐干之间的深厚友谊和自己对徐干的依依不舍：

惊风飘白日，忽然归西山。
圆景光未满，众星粲以繁。
志士营世业，小人亦不闲。
聊且夜行游，游彼双阙间。
文昌郁云兴，迎风高中天。
春鸠鸣飞栋，流猋激棂轩。
顾念蓬室士，贫贱诚可怜。
薇藿弗充虚，皮褐犹不全。
慷慨有悲心，兴文自成篇。
宝弃怨何人？和氏有其愆。
弹冠俟知己，知己谁不然？
良田无晚岁，膏泽多丰年。
亮怀玙璠美，积久德愈宣。
亲交义在敦，申章复何言！

听闻徐干要辞官归乡，临淄侯无心赏景，心情低落，等察觉到，竟“惊”地发现日归西山，已至傍晚。因为神情恍惚，光景西驰，不觉已“圆景光未满，众星粲以繁”，只能独立于这星月银白色的清辉之下了。

在这星灿月明的夜晚，徐干应该像个“志士”那样忙着建立垂之久远的功业，而我这个“小人”其实也无片刻闲暇。这时，看着剪影般嵯峨的双阙、那迎风刺破夜空的文昌殿、飞栋下鸣叫的春鸠、回廊上激于棂轩的流猋，是否也有同样的心情？

想着处在陋巷蓬室的那位朋友，他实在贫贱可怜啊。他虽然就着薇和藿食之不饱，粗褐的衣服也残破不全，但他仍然怀文抱质，安贫乐道，发愤著书。怎能不让人敬佩？把这样的宝物（指徐干这样的人才）丢失，要去怨谁？自己没有像卞和那样为了宝玉不怕一切危险地向当识货的人进献，这应该是一种罪过吧。

好朋友想推荐知己，知己等待好朋友的推荐，大家都是这样，但想做到这样谈何容易？自己的无力是因为没有权力，无权无势便援引不了具有和氏璧这样价值的友人。良田不会有很差的收成，丰腴的土地也往往会获得丰收，诚然，像美玉那样的道德才干累积越久会越光照世人。既然知己之间最重要的是交情的深厚，那么除了赠诗之外，我何必再说别的呢？

在全诗的末尾点明自己赠诗的原因，既是对自己处境的无奈，更是悯徐干之不遇，勉其待时而行的劝慰之作。

感曹植赠诗，徐干也作《七喻》相赠：“有逸俗先生者。藕耕乎岩石之下。栖迟乎窃谷之岫。万物不干其志。王公不易其好。寂然不动。莫之能惧。”

《七喻》的大概意思是：“从前有位超凡脱俗的隐者，他坚持在坚硬的岩石上种田，在幽深的岩穴里居住。这位超凡脱俗的隐者不羡慕世间繁华，也不惧怕辟地寂静，他寂然不动，一个人终守一地，安贫乐道地生活。”

后来，曹操征召徐干做自己的丞相府的幕僚，又召他做上艾县县令，但徐干都以身体疾病未痊愈为由谢绝了。

确实，徐干辞官后过起了非常清贫的生活。他在政治上的宏大志向虽然没有实现，但却有了充分的时间静心进行创作。最终，他像太史公司马迁写《史记》忍受非人折磨一样。他忍着不单单是病痛的折磨，潜心钻研、呕心沥血三年，综合平生所学，终于撰成《中论》一书。《中论》旨在“敷散道教，上求圣人之中、下救流俗之昏者”，产生了巨大影响。可惜的是，《中论》撰写完成不久，公元 217 年（汉献帝建安二十二年），在当时流行的瘟疫的席卷下，徐干感染此种疾病而卒。

虽然徐干几度拒绝出山服务曹氏父子，但他在曹氏父子幕府的时间里，和汇聚于邺下的许多文人墨客一起，共同创造了中国文学史上著名的“建安文学”。徐干正是“建安文学”上最璀璨的明珠“建安七子”（也称“邺下七子”）的成员之一，他以明经饱学、文辞华美与“建安七子”其他成员并驾齐驱，极大地推动了建安文学的发展。

“建安七子”中与徐干交好的，属刘桢。他与临淄侯曹植同名的《赠徐干》一诗，也正是对徐干这位好友倾诉了自己身陷囹圄的苦闷不平和对徐干这位好友的思念之情：

谁谓相去远，隔此西掖垣。
拘限清切禁，中情无由宣。
思子沉心曲，长叹不能言。
起坐失次第，一日三四迁。
步出北寺门，遥望西苑园。
细柳夹道生，方塘含清源。

轻叶随风转，飞鸟何翻翻。
乖人易感动，涕下与衿连。
仰视白日光，皦皦高且悬。
兼烛八纮内，物类无颇偏。
我独抱深感，不得与比焉。

这首诗是刘桢在狱时服刑中写给徐干的。魏王太子曹丕在一次宴请诸文学士子时，谈得很高兴，就叫自己的夫人甄氏出拜。见夫人甄氏出拜，众人都低下头去回拜夫人，唯独刘桢平视太子之妻甄氏。魏王曹丕知道这件事后，就将刘桢下狱，这首诗也是此时所做。

全诗一开始就直接写出了刘桢对徐干这位好友的思念。谁说我们隔得很远，其实我们就隔了一个西掖（西掖，即中书，徐干当时在此供职，刘桢被关押之地北寺狱与西掖仅一墙之隔）。因为自己被拘禁在这地方没有自由，自己心中想说的话无法表达、在刘桢的心中，徐干是自己最信任也是最想和他说心里话的人，所以他说，想起徐干，坐立不安，只能叹息。在这长长的叹息声中，不知道包含着多少难言的苦衷。这时，诗人刘桢心理上所受的折磨、实际的距离和意念上的距离形成了强烈反差，突出自己的苦闷。

正是受这种苦闷心情的影响，刘桢远远看到的西苑园的景物，也蒙上了一层灰蒙蒙的色彩。诗人走出北寺门，向西苑园看去，只见碧绿的细柳道在道路两边自在地生长，池塘清澈的水流也在微微地荡漾；这时树叶在微风的吹拂下轻轻地飘转，而鸟儿在空中伴随树叶翩翩起舞。看到这样的画面，本应该高兴，但刘桢这样的离群之人却非常容易感受外物而激动，不由自主地悄然动容，泪下满衿。

仰视白昼的太阳，它还是那样高傲的挂在天空。它普照九州八方天下，无不偏不倚地赐予万物以光和热，这是多么宽广的胸怀，想到这里，就觉得自己只不过犯了点微小的过失，却被定为大罪，曹氏的胸怀和这太阳真是无法相比啊。所以他只能独自深深地感慨，自己和宇宙万物相比，也没有什么可叹息的了。

这首诗的语言委婉含蓄，但很富于艺术感染力。他非常婉转地借怀念好友的机会诉出自己心中的不平，将愤慨与不平渗透到这首诗的字里行间，让这首诗充满了清正之气。

第四节 我思何笃，其愁三春

徐干接到刘桢的《赠徐干》一诗后，为了勉励朋友，更为了表达自己对这位朋友的思念，徐干特地写了《答刘桢》一诗：

与子别无几，所经未一旬。
我思一何笃，其愁如三春。
虽路在咫尺，难涉如九关。
陶陶朱夏德，草木昌且繁。

这首诗大意是说，自己和刘桢分别没有几天，感觉还没过十天，没想到就发生了这样的事情。自己和刘桢的感情是多么深厚，一天不见就像隔了三年之久。自己虽然和刘桢关押的地方仅仅一墙之隔，但想要去看望这位朋友就像越过九重天门那么难。夏日是这么地温暖，使得草木茂盛繁衍，这就像自己这位朋友的品德，他怎么会被关押于此？

这首诗以简洁浑朴的词语，表现了自己与刘桢的美好友情和自己对友人身遭囹圄的同情和不平，在一定意义上是为朋友喊冤。

南朝文学批评家钟嵘在其《诗品》中将徐干的这首诗列为下品，并评论说：“伟长（徐干）与公干（刘桢）往复，虽曰以莛扣钟，亦能闲雅矣。”直言徐干的《答刘桢诗》就像用草茎叩击洪钟一样，不足以回应刘桢的《赠徐干诗》。但明代文艺批评家胡应麟却不这样认为，他在其《诗薮》中评价徐干和刘桢互相来往的两首诗，他说：“以公干为巨钟，而伟长为小莛，抑扬不亦过乎?”

客观地说，单纯地站在文学创作的角度，徐干的《答刘桢诗》虽写得诗情浓郁，但却不足以回应刘桢的《赠徐干诗》。但是，《答刘桢诗》并不是徐干诗歌创作的最高水平，不能代表这位文学家的诗歌水平。徐干的诗大部分都已经散佚，现存10首。尽管如此，他的《室思》6首也是难得的佳作，足以代表其水平。

其一

沉阴结愁忧，愁忧为谁兴?

念与君相别，各在天一方。

良会未有期，中心摧且伤。

不聊忧飡食，慊慊常饥空。

端坐而无为，髣髴君容光。

其二

峩峩高山首，悠悠万里道。

君去日已远，郁结令人老。

人生一世间，忽若暮春草。

时不可再得，何为自愁恼?

每诵昔鸿恩，贱躯焉足保。

其三

浮云何洋洋，愿因通吾辞。

飘飖不可寄，徙倚徒相思。

人离皆复会，君独无返期。

自君之出矣，明镜暗不治。

思君如流水，何有穷已时。

其四

惨惨时节尽，兰华凋复零。

喟然长叹息，君期慰我情。

辗转不能寐，长夜何绵绵！

蹑履起出户，仰观三星连。

自恨志不遂，泣涕如涌泉。

其五

思君见巾栉，以益我劳勤。

安得鸿鸾羽，觏此心中人。

诚心亮不遂，搔首立悁悁。

何言一不见，复会无因缘。

故如比目鱼，今隔如参辰。

其六

人靡不有初，想君能终之。

别来历年岁，旧恩何可期。

重新而忘故，君子所尤讥。

寄身虽在远，岂忘君须臾？

既厚不为薄，想君时见思。

《室思》诗共6组，都写的是妻子对丈夫的思念，但各章之间并没有连贯的故事，而是就主人公日常的见闻从各个细节进行了文学性的发挥，表达了主人公即妻子对丈夫的期待。《室思（其一）》写的是非常忧伤的妻子因念及和丈夫天各一方而心中摧伤，已到了“不聊忧飡食，慊慊常饥空。端坐而无为，仿佛君容光”的地步。

《室思（其二）》则写妻子想到那高山和万里道路将自己与丈夫相隔，就觉得忧愁痛苦折磨得自己很快衰老了。想到这里，觉得人生一世就像那墙内的青草，是何其短暂，而自己的大好青春就在等待丈夫中度过了。又转念一想，既然过去的时间不会再回来，那为什么还要自寻烦恼？每当想起丈夫对自己的深情厚意，就觉得自己吃些苦又算得了什么呢？

《室思（其三）》写的是主人公看见天边的白云舒卷自如，异想天开，想让这潇洒的白云为自己传话给远方的丈夫。然而白云终究只是白云，当然不能寄信，主人公也知道这个事实，所以又说自己只是徒相思而已。想到这里，心里对丈夫的些许怨气就不由自主地迸发出来。别人家的夫妻分别了，都会很快再相见团圆，而自己的丈夫出去后，再也没有返回的音信。自从自己的丈夫走的那天开始，家里的明镜就没擦拭过，到现在，镜子上满是厚厚的灰尘。自己思念丈夫就像淙淙而流的小溪，从来没有停止过。

正如前面两组诗中写的“念与君相别，各在天一方”、“君去日已远，郁结令人老”那样，深沉的思念早已使等待丈夫归来的妻子陷入难解难消的境地。这位思妇竟然想让悠然自得的浮云给远方的丈夫捎去藏在心底的话，可见她对丈夫是多么地思念！眼前的一道景色也能想成一位信使。想到白云信使只是自己的臆想，便徘徊彷徨，坐立不安，心生怨言：“人离皆复会，君独无返期。”前四句写虚，五六句写实，更反衬出主人公感情上的痛苦。从五六句开始，全诗进入另一种境况的描写，即写丈夫离家后她都疏于化妆打扮，竟让镜子落了一层厚厚的灰尘。后四句用了倒叙的叙述方法，造成了回环往复的效果，直逼这位思妇内心的纷繁杂乱，传神地刻画出这位思妇的生活和心态。全诗的创作角度，可谓非常巧妙，又有清新自然之趣，真非常难得。

《室思（其四）》还是写思妇心中的期盼。院内的兰花掉落又长出来，转眼又是一个新的季节，而在这个季节自己却心事重重、喟然长叹，多么期待丈夫能在身边安慰自己！到了晚上辗转反侧，在这漫漫长夜难以入眠。所以她趿拉鞋子出门向天看去，只见三星在天，不禁想到以前结婚的情景，越发感到自己孤独了。唉，只恨让丈夫回家的愿望不能实现，她竟在这夜晚泪如泉涌。

《室思（其五）》写思妇看到丈夫从前用过的梳洗用具，就思念起自己的丈夫，因此更加痛苦。她对着梳洗用具，想着哪里有鸿鸾羽，能够让自己见到那心上人。唉，自己又在不切实际地瞎想，自己心中的想法自然是不能实现，所以忧劳地站在门口。想着丈夫为什么和自己这么长久地不能相见。从前恩爱得像比目鱼一样合并游行，而现在像东西方两颗星星一样互不相见。

《室思（其六）》写道，人们都说开头往往都不错的事情很多，但能够善始善终的却很少。但思妇却很想让自己的丈夫善始善终。自己和丈夫分别好几年，不知道以前的恩爱之情是否还能保持。喜新厌旧，那可是要受到人们谴责的。虽然丈夫身在远方，但自己没有片刻忘掉他的好。当初既然有那么深厚的感情，那现在应该也不会淡薄了，估计丈夫还是是否想念自己的。

第三组更是说“思君如流水，何有穷已时”。第四组诗写思妇夜不能寐，想念丈夫，泪如泉涌。第六组更像是全诗的总结，这里，这位思妇只剩下一个心愿：愿自己的丈夫善始善终，始终记得他们曾经的深厚的爱情，不要把自己忘记。为了这个心愿，她甚至搬出“重新而忘故，君子所尤讥”的话，来说明自己期望或者说是在警告丈夫。显然长期的分别使得妻子的心理发生了微妙的变化，从之前思念丈夫回来，彻夜地回想到“想君能终之”、“想君时见思”，想让丈夫保存忠厚诚挚之心，不要把自己忘记。这，既是所有思念的归宿，也是全诗之结穴。

《室思》这组诗的重点在第三组和第六组诗，因为第三组和第六组诗文采最为精彩，也是全诗的核心，很具有代表性。全诗站在妻子角度对女性的心理细节刻画得极为精彩，表达妻子对丈夫的深刻思念（另一说作者“以男女譬君臣”，表达自己的仕途感慨），文采丝毫不输于“建安七子”中的其他六位的诗作。

在诗歌创作方面，除了这组细腻幽怨的《室思》诗外，还有一首《情诗》传世：

高殿郁崇崇，广厦凄泠泠。
微风起闺闼，落日照阶庭。
踟蹰云屋下，啸歌倚华楹。
君行殊不返，我饰为谁容。
炉薰阖不用，镜匣上尘生。
绮罗失常色，金翠暗无精。
嘉肴既忘御，旨酒亦常停。
顾瞻空寂寂，唯闻燕雀声。
忧思连相属，中心如宿酲。

这首《情诗》和《思妇》组诗的内容并没太大差别，描写的是一位女子与丈夫相思的情感。

宋玉《神女赋》曰“宜高殿以广意兮”，诗一开始就化用这句话，表现女子所处环境的凄清。高郁的房舍，凄清的环境，虽有微风吹拂，但抵挡不住落日残照的哀伤。与其说这几句是写景，还不如说这是女主人与丈夫远离后生活失趣，显示出其寂寞凄凉、了无意趣的心理感受。再写这位女子在云屋下非常踟蹰，心中怅然若失，又在华楹中长声啸歌，借此宣泄自己心中的郁闷。接着，她唱道，丈夫出行一去不返，自己装饰为谁看？所以，用来薰香的炉子自然也无心使用，平日照颜梳妆的镜匣上也尘土厚积。和“自君之出矣，明镜暗不治”有异曲同工之妙。绮罗、金翠等珍贵的东西并没有改变自己的色泽，只是由于女人心理的改变，感觉曾经熠熠生辉的珍物竟全都黯然失色。不仅如此，吃饭也常常忘记，就连饮美酒都觉得淡然无味。这部分对于女主人公心态变化的描述尤为出色。行为是心理变化的镜子，作者描写的主人公细腻的内心活动转化成的一连串相应的行为可谓恰到好处，将主人公怅然若失的思恋之情和行为的变化刻画得淋漓尽致。

后四句将描写重点从主人公的“思”转到神情上来。主人公似从沉思中醒来时，只听见“空寂寂”的院落传来几声燕雀的啁啾。欢快的鸟叫与空寂的院落一对比，空虚寂寞的感情跃然纸上。正因如此，主人公在这种忧思情绪的主导下像个醉汉似的难以清醒。女主人公先“瞻”后“闻”，所见所闻本来都是无可使人宽怀的东西，却反而更加重了她的忧念和相思，可见她心中情思之深。

这首诗以一位女子的内心感觉贯穿始终，诗中描写的景物、器具无不表达了主人内心的变化。如此，诗人不仅是做到使主客观世界的交融合一，而且始终将环境与客观事物的展现作为表现人物心理的工具，这种描写人物心理的方式可谓绝妙之笔，令人佩服。

《思妇》组诗和《情诗》是一类诗，都代表着徐干对当时社会的深刻观察。因此，也有人说诗人表面在写思妇，本质写的是与社会时代相关的文人情怀。诗中的忧思也是自己对国家社稷的忧思。

第五节 辞赋大成，张蔡不过

魏文帝曹丕非常欣赏徐干的赋作。他曾评价王粲、徐干的辞赋，可以与西汉文学家张衡、蔡邕相媲美。比如，他在《典论·论文》中说徐干的“《玄猿》、《漏后》、《团扇》、《松赋》，虽张（衡）、蔡（邕）不过也”。而评论家刘勰在《文心雕龙·才略》则说徐干“以赋、论标美”。但是，《玄猿》、《漏卮》、《团扇》、《松赋》等几篇赋作除《团扇赋》残篇载《北堂书钞》外，大部分都已散佚。现存严可均辑《全后汉文》中，虽然有徐干《齐都赋》、《序征赋》等近10篇赋，也已残缺不全，无法正确客观认识徐干赋作的整体风貌。所以我们只能从残存的部分徐干的赋作中，大致分析其作品。如“建安七子”中有很多篇《神女赋》，大多数有感于宋玉的《神女赋》而作。如陈琳之《神女赋》原文：

汉三七之建安，荆野蠢而作仇。赞皇师以南假，济汉川之清流。感诗人之攸叹，想神女之来游。仪营魄于仿佛，托嘉梦以通精。望阳侯而涀瀁，睹玄丽之轶灵。文绛虬之奕奕，鸣玉鸾之嘤嘤，答玉质于苕华，拟艳姿于荣。感仲春之和节，叹鸣雁之喈喈。申握椒以贻予，请同宴乎粤房。苟好乐之嘉合，永绝世而独昌，既叹尔以艳采，又说我之长期。顺乾坤以成性，夫何若而有辞。

王粲之《神女赋》原文：

惟天地之普化，何产气之淑真。陶阴阳之休液，育夭丽之神人。禀自然以绝欲，超希世而无群。体纤约而方足，肤柔曼以丰盈。发似玄鉴，鬓类削成。质素纯皓，粉黛不加。朱颜熙曜，晔若春华。口譬含丹，目若澜波。美姿巧笑，靥辅奇葩。戴金羽之首饰，珥照夜之珠晔。袭罗绮之黼衣，曳缛绣之华裳。错缤纷以杂佩，袿熠燿而焜煌。退变容而改服，冀致态以相移。发筵对兮倚床垂，税裳兮免簪笄，施华的兮结羽钗。扬娥微眄，悬藐流离。婉约绮媚，举动多宜。称诗表志，安气和声。探怀授心，发露幽情。彼佳人之难遇，真一遇而长别。顾大罚之淫愆，亦终身而不灭。心交战而贞胜，乃回意而自绝。

这两篇基本都继承了宋玉《神女赋》的构思，写女性美好形态下对生活的一种期待。当然，有后世评论家认为这些《神女赋》不只表现的是对美好生活的期待，更多的是暗含的政治寓意。即用“神女”表达对贤君的追求，与《离骚》同理。

徐干的赋作中自然也有很多关于“神女”的期盼。比如其《车渠椀赋》中写道：“圆德应规，巽从易安。大小得宜，容如可观。盛彼清醺，承以雕盘。因欢接口，媚于君颜。”

这种平静舒缓的描摹，给人的感觉徐干在创作上也深受曹植《洛神赋》以及陈琳和王粲《神女赋》的影响。着重描写神女美貌和举止之完美，来表明自己对这种美好生活的追求。“大小得宜，容如可观”一句，表明是写车子的情况，但也可以认为这是在写一位美貌的女性。“因欢接口，媚于君颜”一句就写出这个美貌女子心中的无奈：被逼“媚于君颜”。同样有着深刻的政治映射。

又如徐干之《七喻》：黼帱施于宴室，华蓐布乎象床。悬明珠于长韬，烛宵夜而为阳。玄鬓拟于云雾，艳色过乎芙蓉，扬蛾眉而微睇，虽毛、施其不当。”

在这首赋中，对“玄鬓拟于云雾，艳色过乎芙蓉”式女子进行了深度的刻画。他形容这位女子的头发像那天空中缥缈自然的云雾那样，又说她的相貌超过出水芙蓉之美，可见其形象之美。“扬蛾眉而微睇，虽毛、施其不当”，她的眉毛眼神，就连毛嫱、西施这样的大美人也抵挡不了。她的形象，大抵就是徐干心中“神女”的形象。

还有，徐干在其《嘉梦赋序》中写道：“昔嬴子与其交游于汉水之上，其夜梦见神女。”通过梦中与“神女”相会，足见其对“神女”的期待。

虽然徐干的大部分赋作已经遗失，无法考证，但通过以上的部分作品，我们仍然可以看出他在心中竭力塑造了一个“神女”形象，并对这个“神女”进行了极尽赞美的描写。如他不惜笔墨描写这位“神女”的美貌，表现自己对这位“神女”的期待、思念。结合当时的政治处境，其对“神女”期待的表现，难免不会有对其自身所处政治的悲情表达。

第六节 一家之言，辞义典雅

公元 217 年（汉献帝建安二十二年）的瘟疫，徐干和陈琳、应玚、刘桢等人一时俱逝。曹丕闻四子皆亡，非常伤心。他在给元城令吴质的信中写道："昔年疾疫，亲故多离其灾，徐、陈、应、刘，一时俱逝。观古今文人，类不护细行，鲜能以名节自立。而伟长（徐干）独怀文抱质，恬淡寡欲，有箕山之志，可谓彬彬君子矣。着中论二十余篇，辞义典雅，足传于后。德琏常斐然有述作意，其才学足以着书，美志不遂，良可痛惜！孔璋章表殊健，微为繁富。公干有逸气，但未遒耳。元瑜书记翩翩，致足乐也。仲宣独自善於辞赋，惜其体弱，不起其文；至余所善，古人无以远过也。昔伯牙绝弦於锺期，仲尼覆醢于子路，痛知音之难遇，伤门人之莫逮也。诸子但为未及古人，自一时之俊也。"

这段话中所说"着中论二十余篇，辞义典雅，足传于后"，说的便是徐干的皇皇巨著《中论》。《中论》是为徐干所著的一部政论性著作，其写作主旨是："常欲损世之有余、益俗之不足，见辞人美丽之文并时而作，曾无阐弘大义，敷散道教，上求圣人之中，下救流俗之昏者，故废诗、赋、颂、铭、赞之文，著《中论》之书二十二篇。”（《中论序》）《中论》的思想倾向基本上是遵奉儒家旨趣，多言及孔、孟之言，也受道家、法家的一些影响。《中论》对时弊有所针砭，但又显得辞旨邈远，较少锋芒。其语言比较平实，论证讲求逻辑、条理贯通，不失为一部较好的论说文专著。值得一提的是，《中论》是“建安七子”中今存唯一的专著，比较全面地反映了徐干的哲学思想及其文章风貌。

据《隋书·经籍志》、《旧唐书·艺文志》、《新唐书·艺文志》和《崇文总目》所载徐干的《中论》著有六卷。也有《郡斋读书志》、《直斋书录解题》、《文献通考》、《四库全书总目》等作二卷。曾巩云：“始见馆阁及世所有徐干《中论》二十篇，以为尽于此。”《贞观政要》称干著《中论》二十余篇。据此或可推出，直到宋仁宗景祐元年编撰《崇文总目》之时，《中论》尚有完本存世，但到了南宋后该书即已残缺不全。所以，《四库全书总目》在谈到《中论》时说道：“是书隋、唐志皆作六卷，隋志又注云：‘梁目一卷。’《崇文总目》亦作六卷，而晁公武《读书志》、陈振孙《书录解题》并作二卷，与今本合，则宋人所并矣。”

《中论》有原序一篇，然不知道作者姓名。此人在《中论·序》中写道：“余数侍坐，观君之言长怖，笃意自勉而心自薄也。何则？自顾才志不如之远矣耳。然宗之仰之，以为师表。自君之亡，有子贡山梁之行，故追述其事。”可以看出，此人曾经与徐干有所往来，并且对徐干的道德文章十分景仰，对《中论》更是非常地推崇。所以，在徐干过世之后，他害怕《中论》一书从此湮没，就特意作了这个序。

汉无名氏为徐干《中论》所作的序：

予以荀卿子孟轲怀亚圣之才，着一家之法，继明圣人之业，皆以姓名自书，犹至于今，厥字不传。原思其故，皆由战国之世，乐贤者寡，同时之人，不早记录。岂况徐子《中论》之书，不以姓名爲目乎？恐历久远，名或不传，故不量其才，喟然感叹。先目其德，以发其姓名，述其雅好不刊之行，属之篇首，以爲之序。其辞曰：

世有雅达君子者，姓徐名干，字伟长，北海剧人也。其先业以清亮臧否为家，世济其美，不陨其德，至君之身十世矣。君含元休清明之气，持造化英哲之性，放口而言则乐诵九德之文，通耳而识则教不再告，未志乎学，盖已诵文数十万言矣。年十四，始读五经，发愤忘食，下帷专思，以夜继日，父恐其得疾，常禁止之。故能未至弱冠，学五经悉载于口，博览传记，言则成章，操翰成文矣。此时灵帝之末年也，国典隳废，冠族子弟结党权门，交援求名，兢相尚爵号。君病俗迷昏，遂闭户自守，不与之群，以六籍娱心而已。君子之逵也，学无常师：有一业胜己者，便从学焉，必尽其所知而后释之；有一言之美，不令过耳，必心识之。志在總众言之长，统道德之微，耻一物之不知，愧一艺之不克，故日夜亹亹，昃不暇食，夕不解衣，昼则研精经纬，夜则历观列宿。考混元于未形，补圣德之空缺，诞长虑於无穷，旌微言之将坠，何暇为小学，治浮名，与俗士相弥缝哉！故浮浅寡识之人，适解驱使荣利，岂知大道之根？

然其余以疏略为太简，曾无忧乐，徒以为习书之儒，不足为上，欣之者衆，辩之者寡，故令君州间之称不早彰彻，然秉正独立，志有所存，俗之毁誉，有如浮云。若有觉而还反者则以道进之，忘其前之谤己也。其犯而不校，下学而上达，皆此之类也。于时董卓作乱，圣主西迁，奸雄满野，天下无主。圣人之道息，邪伪之事兴，营利之士得誉，守贞之贤不彰，故令君誉闻不振于华夏，玉帛安车不至於门。考其德行文艺，实帝王之左也，道之不行，岂不惜哉！

君避地海表，自归旧都，州郡牧守礼命，踧踖连武欲致之。君以为纵横之世，乃先圣之所厄困也，岂况吾徒哉！有讥孟轲不度其量，拟圣行道，传食诸侯，深美颜渊、荀卿之行。故绝迹山谷，幽居研几，用思深妙，以发疾疢，潜伏延年。会上公拨乱，王路始辟，遂力疾应命，从戍征行。历载五六，疾稍沉笃，不堪王事，潜身穷巷。颐志保真，淡泊无为，惟存正道。环堵之墙，以庇妻子，并日而食，不以为戚。养浩然之气，习羡门之术。时人或有闻其如此而往观之，或有颇识其真而从之者，君无不容而见之，厉以声色，度其情志，倡其言论，知可以道长者则微而诱之，令益者不自觉，而大化阴行，其所匡济，亦已多矣。君之交也，则不以其短，各取其长而善之。取故少显尽己之交，亦无孜孜和爱之好。统圣人中和之业，蹈贤哲守度之行，渊黙难测，诚宝伟之器也。君之性，常欲损世之有余，益俗之不足。见辞人美丽之文，并时而作，曾无阐弘大义、敷散道教、上求圣人之中、下救流俗之昏者，故废诗、赋、颂、铭、赞之文，着《中论》之书二十二篇。其所甄纪，迈君昔志，盖千百之一也。文义未究，年四十八，建安二十三年春二月，遭厉疾，大命殒颓，岂不痛哉!

余数侍坐，观君之言，常怖，笃意自勉，而心自薄也。何则？自顾才志不如之远矣耳！然宗之仰之，以为师表。自君之亡，有子贡山梁之行。故追述其事，粗举其显露易知之数，沈冥幽微、深奥广远者，遗之精通君子，将自赞明之也。

徐干《中论》目录：

卷之上

治学第一（之君子成德立行，身没而名不朽，其故何哉?）

法象第二（夫法象立，所以为君子。）

修本第三（民心莫不有治道，至乎用之则异矣。）

虚道第四（人之为德，其犹器欤?）

贵验第五（事莫贵乎有验，言莫弃乎无徵。）

贵言第六（君子必贵其言，贵其言则尊其身，尊其身则重其道。）

艺纪第七（艺之兴也，其由民心之有智乎?）

核辩第八（俗士之所谓辩者，非辩也。）

智行第九（或问曰：士或明哲穷理，或志行纯笃，二者不可兼，圣人将何取?）

爵禄第十（或问：古之君子贵爵禄欤？曰：然。）

卷之下

考伪第十一（仲尼之没，于今数百年矣，其间圣人不作。）

谴交第十二（民之好交游也，不及圣王之世乎?）

历数第十三（昔者，圣王之造历数也，察纪律之行，观运机之动。）

夭寿第十四（或问：孔子称仁者寿，而颜渊早夭。）

务本第十五（人君之大患也，莫大於详于小事而略于大道。）

审大臣第十六（帝者昧旦而视朝廷，南面而听天下。）

慎所从十七（夫人之所常称曰：明君舍己而从人，故其国治以安。）

亡国第十八（凡亡国之君，其朝未尝无致治之臣也。）

赏罚第十九（政之大纲有二，二者何也？赏罚之谓也。）

民数第二十（夫治平在庶功兴，庶功兴在事役均。）

补遗二篇

复三年丧第二十一（天地之间，含气而生者，莫知乎人。）

制役第二十二（昔之圣王，制为礼法，贵有常尊，贱有等差。）

当然，由于个人和历史的局限，《中论》中出现一些落后的观点。如“君子”与“小人”之说。如在《中论·爵禄》一篇中说：“求之有道，得之有命。舜、禹、孔子可谓求之有道矣。舜、禹得之，孔子不得之，可谓命矣。”但这些不足以与整个《中论》相比，只能说瑕不掩瑜、无伤大雅。今天来看，《中论》仍是一部不可多得的哲学鸿篇巨制，是古代文化的一座丰碑，展现了古代文人的智慧光芒!

第五章

出北郭门：焚山求才，为知己死——阮瑀

阮瑀年轻时曾拜蔡邕为师，所以其文章写得极为精彩。曹操闻其盛名，想邀请他来做官，但是阮瑀死活不答应，隐入深山。曹操下令放火烧山，最后才逼得阮瑀投其麾下。他在马上替曹操代笔书信，一气呵成后，曹操竟不能改动一字，可见其才华横溢。

第一节 贵族之后，师承蔡邕

阮瑀乃陈留尉氏人，即今河南开封人。春秋时留邑为郑国之地，后为陈国所得，故而得名陈留。秦王嬴政统一六国后，在公元前 221 年曾将陈留设立为陈留县，汉武帝于公元前 122 年设立陈留郡，属于兖州。当时的陈留郡管辖 17 个县。陈留阮姓名人辈出，后世的阮姓也主要源于陈留阮姓。

陈留阮氏是殷商偃姓诸侯国的后代，早期主要活动在今陕甘交界的泾渭流域。商亡后，随着周王朝的东迁以及后来东汉建都洛阳，阮姓族人也逐渐东迁至今河南省境内，在陈留郡生息繁衍。汉末魏晋时期成为当时的名门望族，阮氏家族的发展在此时期达到了顶峰。

在从东汉到西晋灭亡的这近 300 年间，洛阳一直是王朝都城所在地。而当时阮氏聚居的陈留郡距离洛阳仅 500 里之遥，得天独厚的地理位置为陈留阮氏子弟提供了更多展露才华的机会。

作为名门望族之后的阮瑀，拥有东汉世家大族这块金字招牌，社会地位很高。到魏晋之时，阮代一族不断发展和延续，成为魏晋士族。士族的优越地位不断得到发展和提升，阮氏一族更加风光。拥有高贵出身，在文化气息浓郁的陈留郡这个地域氛围中，阮瑀自幼受到了良好的文化熏陶，再加上“诸阮前世皆儒学”的家风熏染，他少有俊才，应机捷丽。小小年纪的阮瑀是个幸运儿，在学业上并没有走什么弯路，很早便被通经史、善辞赋、精书法、擅乐理、晓天文、涉数术的旷世奇才蔡邕收为徒弟。

说来这蔡邕也不是一般人，他是个全才，是当时非常著名的音乐家和文学家。他曾经做过官，却因为为人正直，办事公正，遭到邪恶势力的谗言诬陷，被充军流放，过了许久才被赦免。获得赦免的蔡邕带着一家老小，为了躲避奸佞的谋害，常年过着流亡的生活。后来他躲到自己的故乡陈留去了。蔡邕曾经是一个好官，颇受老百姓爱戴。乡亲们听说蔡邕回来了，都很高兴。一回到家乡，亲朋好友都争先邀请蔡邕到自己家中去做客。蔡邕为淳朴的乡亲们的热情所感动，流亡的辛苦和被诬害的愁绪也就慢慢解开了。

蔡邕回乡不久，他多年不见的朋友林仁特意准备了酒席，邀请他去做客。老朋友盛情难却，蔡邕欣然应约。他兴致勃勃地往林仁家走去，走到大门外，突然停住了脚步，原来屋里有人正在弹琴。蔡邕为琴声所吸引，就不禁站在门外倾听。

起初，琴音悠扬，优美动人。不一会，琴声变得浑浊、沉重，透着一股杀气，蔡邕愣住了，逃亡生涯使他变得警惕敏感，他不禁深思：林仁请我赴宴，为何琴声中透露杀机？莫非多年未见的老朋友变了，也和奸佞同流合污，要置我于死地？今日请我赴宴是假，伺机谋害是真。想到这里蔡邕不禁出了一身冷汗，匆匆离去。此时另一位前来赴宴的客人迎面走来，跟蔡邕打招呼他也未理，只是加紧离去的步伐。

直到后来林仁找到蔡邕家中，一再邀请并不断道歉，蔡邕才勉强答应赴宴。在宴会上，众宾客热情洋溢，频频举杯，蔡邕却如惊弓之鸟，心神不定，左顾右盼。林仁不禁疑惑，便问蔡邕：“蔡兄，我们是多年的知己好友，虽许久未见，却情谊如初，不知你心中有何不快？不如说出来，我们一同分担。若是小弟家中有失礼怠慢的地方，你只管讲出来，不要介怀。”一时间众宾客也都言道其中必有误会，还请蔡邕说出不快，以冰释前嫌。

蔡邕听了林仁一番话，也意识到许是其中真有误会，渐渐放松警惕，敞开心扉，将自己从琴声中听出的杀气一事说了出来。这才得知，原来弹琴的是一位早到的客人，他看见主人家的琴，一时兴起便弹奏起来。正弹琴的时候，他看见窗外的一棵树上，一只螳螂正张牙舞爪地爬向一只蝉。螳螂扑过去之时，蝉却要飞走了。他担心螳螂捕不到蝉，手中的琴也弹奏得急了。这时琴音透出隐隐杀气，而此时蔡邕正站在门外。得知此事前因后果，大家对蔡邕听琴的能力十分佩服，纷纷向蔡邕敬酒表达敬意。

蔡邕仕途不顺，回乡之后潜心钻研学问，尤其擅音律。他待人非常真诚，一生对人才十分爱惜、赞赏，并多次不遗余力举荐贤人。不论是居庙堂之高还是处江湖之远，他都乐于结交有才华的士子，并真心欣赏他们，为了人才不被埋没，他甚至不惜越职上表。蔡邕性格中待人真诚的一面为他赢得了不少好友。

阮氏家族在蔡邕的家乡颇有威严，他们对回乡的蔡邕也是另眼相看，自然少不了来往，蔡邕也就成了阮家的常客。阮瑀的父亲阮敦是汉邑巴吾令，非常欣赏蔡邕的才华和气节，就常常邀请蔡邕来家磋谈音律。一次偶然的机会，蔡邕来拜访阮敦，正在院中玩耍的阮瑀一下就撞在了蔡邕怀中，只见小小的阮瑀眉清目秀、唇红齿白，好不伶俐可爱的一个美少年！他那一张小脸却因为奔跑和紧张胀得通红。

阮瑀看到撞了人，立马拱手作揖，直言道：“小侄无礼，冲撞了伯伯，还请伯伯不要往心里去，也不要告诉父亲。”一副小大人儿的样子让蔡邕忍俊不禁，心想道：看来阮兄教子有方，这孩子对父亲甚是敬畏。他便与小阮瑀约定此事只是二人之间的秘密。

与阮敦相谈甚欢之时，蔡邕向阮敦称赞阮瑀“童子奇才，朗朗无双”，他十分喜爱这个聪明伶俐的孩子，希望阮敦能够让阮瑀跟着自己学习。阮敦听了此言非常欣喜，正愁给儿子找不到好老师，从知道蔡邕听音辨意之事后，阮氏家族都十分佩服蔡邕的才华，今日蔡邕提出要收阮瑀为徒，正合了阮敦的心意。择日不如撞日，阮敦现下就叫下人喊了阮瑀过来拜师。

小阮瑀进得门来，一看是刚才的伯伯，偷偷地朝他眨眼。看父亲心情大好，阮瑀也十分开心，觉得这个伯伯真是厉害，从来未见过父亲笑得这样开怀。只听父亲说：“这是你蔡伯伯，以后就是你的老师了，你快上前来拜见师父，从今日起你就跟着蔡伯伯好好学习。”阮瑀一听，心中当下明白了，原来这就是自己梦寐以求想见到的那个神奇的人呀，便急忙拜见蔡邕，口中振振有词：“师父在上，请受徒儿一拜。”

蔡邕见阮瑀乖巧中透着灵动，喜欢得不得了，也不禁喜上眉梢，难得在这陈留之地可以遇到这样出众的小孩子。

阮瑀跟着蔡邕学习了数十年，涉猎很广，师徒二人亦师亦友，建立了很深厚的情谊。阮瑀从心底里敬佩自己的老师，以他为自己的榜样。师父是一个很自由随性的人，阮瑀永远也忘不了他带回的那块焦木的事情。

有一次，师父蔡邕路过一户农家，看到一个农夫在烧火做饭，火势甚大，噼啪作响。闻其声，蔡邕就知道柴薪中有制琴的好木材，于是请求农夫把柴薪抽出来看一看。这一看不要紧，蔡邕心中不由一喜，只见灶中有一块上好的桐木，刚被火燎了一点。蔡邕把桐木带回家，制成了一床七弦琴，声音浑厚古朴，只是琴尾有烧焦的痕迹，便称其为“焦尾琴”。

在家学习的阮瑀看见师父兴冲冲地抱着一块焦木回来了，他便知师父定是得了上好的琴木。接下来的几天，师父不眠不休，甚至把他珍藏的琴弦都拿了出来，把自己关在屋子里制作琴。有一日清晨，阮瑀被一阵浑厚动听的琴音叫醒。这琴音直入人心，他不禁被这琴音所吸引，趴在窗上侧耳倾听。一曲终了，他这才发现自己的身体都僵硬了。他十分欣喜，就知师父又得了一把好琴，对师父更是佩服，便下定决心定要跟着学出点样子来，可不能给师父丢脸。

蔡邕才华横溢，待人真诚，为人真性情，阮瑀跟着蔡邕不仅学到了很多知识，更重要的是蔡邕影响了他的人格。在师父门下学习的数十年间，阮瑀每日沉浸于知识的海洋之中，忙得不亦乐乎，各方面都得到了长足的发展，终于也是不负老师的期望，很快就崭露头角，才名为外世传扬。

蔡邕后来被董卓强辟出山。董卓死后王允想将其收为己用，又怕他有二心，对他几番试探。蔡邕经历种种波折，悲叹命运不公，造化弄人，王允却以为他心向董卓，忍痛杀之。阮瑀得知师父死讯，痛哭流涕，和同窗一起为师父立庙树碑。师父的死对他日后人生道路的选择有很大的影响。

第二节 才华出众，无奈归隐

阮瑀少有奇才，又经过蔡邕的精心栽培，他工于文学、擅长音乐的才名不胫而走。建安中期的时候，都护曹洪听说阮瑀很有才华，就征召他，想让他做掌管秘书档案的掌书记。

因为阮瑀才名远播，这就有了机会做官，这可不是一般人能享受到的待遇。自然这也跟他的家族影响有关，陈留阮氏本就是世族，颇有名气，加上阮瑀本身才华出众，这就轻而易举有了入仕的机会。而请阮瑀为官的这个曹洪并非常人，他是曹操的堂弟，是曹操阵营中很有分量的五虎将之一，最先跟着曹操打天下，他有钱有权，连曹操都要给他三分面子。曹洪虽然文化不高，但是却很倾慕文人。他欣赏阮瑀，非常想将阮瑀收入旗下，为己所用。

那个时候实行征辟制度，官员听说某个人有才或者美名远播就会发一道命令，请这个人去做官。命运就是喜欢捉弄人，越看重越想得到的东西往往得不到，不想要的却常被它烦扰。对于很多读书人来说，能够步入仕途是非常得难的，他们削尖了脑袋要做官却没有机会，可这大好机会却实在惊扰了阮瑀的平静生活。其实他早就能想到会有这么一天，只是他还没有想好要出仕，所以当时就称病拒绝了曹洪。曹洪三番五次地邀请阮瑀，阮瑀终是没有答应。

曹洪是个粗人，他不知道为何阮瑀满腹经纶、才华横溢，却不愿出来做官，为国效力。其实这其中必然是有原因的。阮瑀成长在以儒家学说为准则的家族中，从小熟读儒家典籍，有积极入世、实现自身抱负的理想。同时，在乱世中，因为受到道家思想的影响，又有着消极避世、安贫乐道的潜意识，在做官还是避世的思想斗争中，哪一种会取得胜利，完全取决于外界环境对人的影响以及人受外界影响所发生的心理变化。可是曹洪怎么会懂得这些？

公元184年黄巾起义，此时阮瑀年仅约19岁，正是风华正茂、意气风发之时，可此时却一直战乱不断。我们常说乱世出英雄，英雄也会造时势。在我国五千年的历史上，很少有这样一个时代，能让众多的英雄出现在同一段时间、同一块土地上。他们殚精竭虑，把个人的潜能发挥到了极致，演出了一场场惊心动魄又摄人心魄的大戏。他们的行为、思考、社交等方式，通过种种途径，还在很大程度上不自觉地影响着今天的国人。

但是，换一个角度，我们会可以看到另一种局面。在这群雄争霸期间，大大小小的战争连年不断，几乎每一寸土地上都飘荡着战争的硝烟。自古成者王败者寇，英雄在战争中成名，士兵在战争中丧命，最受伤的就是无辜的平民百姓，他们流离失所，没有一处安宁之地可以用来耕种营生。在众多英雄纵横间，在我们津津乐道的背后，有着血淋淋的残酷现实。

作为知识分子的阮瑀，不用为讨生活而疲于奔命，他心中满怀激情，对生活有着美好的憧憬，当生灵涂炭时，便激发出了他这类文人比普通人更强烈的社会责任感。文人的传统观念使他不能对这一切置之度外，但是又是那么无能为力。在这种环境下，文人们面对现实的痛苦抉择发生了明显的分化。他们中有的人放弃了理想，隐居山泽，不愿过问世事；有的投身军阀，企图在乱世中施展抱负；更多的人，则失去了方向，在进退两难中愁肠百结。

作为蔡邕的高徒，阮瑀对蔡邕的经历十分了解，更明白仕途的艰险。虽然深受儒家思想濡染，身怀出仕的思想，但他的师父蔡邕对有道家思想倾向的作品《论衡》很感兴趣，所以，阮瑀不能不受到蔡邕思想的影响。蔡邕的死对阮瑀来说更是个重大的创伤，也导致了他对出仕并没有多大的热情。

蔡邕被董卓强辟出山之后，便少了往日的随心而行，凡事都要再三斟酌。过惯了逍遥日子的阮瑀看着师父受到禁锢，也不禁对出仕一事没有什么好印象。后来董卓死了，他以为师父会像以前一样与他听音弄弦，谈古论今。因为师父曾经对他说过，这个世上最重要的莫过于书与琴而已，一辈子能有书和琴做伴，相陪到老是最幸福的事情。可惜王允又力邀师父，师父不愿再踏入仕途，王允再三邀请，后来变成威逼利诱，师父迫于王允的淫威勉强去了。可阮瑀知道，师父并不开心，他每日愁眉苦脸，长吁短叹。阮瑀知道他并不是为了董卓，而是因为这个乱世，为天下苍生悲叹，也是为自己的命运哀戚。他最怕的就是师父因此而得罪王允，可没有想到自己的担忧很快就成了现实，快得让他措手不及。

师父蔡邕为了做自己的学问，完成自己修着汉史的愿望而委曲求全，向王允低了头，递上辞表道歉，甚至请求刻额染墨、截断双脚的惩罚。可王允始终不能消除对蔡邕的怀疑，就是因了这点怀疑害死了蔡邕，就算王允后来后悔了也已经来不及了。阮瑀恨不能手刃了王允这个小人，可惜也让董卓的部将李榷、郭汜占了先。

蔡邕死了，阮瑀最敬爱的老师、知己也死了，阮瑀的心境发生了很大的变化。他看透了这个纷乱的世界，没有人值得他去卖命，相比之下他更愿意完成师父一生的追求，与书、琴相伴终老。好在阮氏家族崇尚自由，家人也不会对他的选择做过多的干涉。所以当曹洪来邀请他入仕的时候，他一点也没有犹豫就拒绝了。如果答应了曹洪，就要一辈子为他卖命，只是属于他的私人财产，并不是为百姓谋福利，这样的生活和注定的命运历程不是他所想要的，所以他义无反顾地离开了这个群雄争霸、硝烟四起的世界，去寻找属于自己的心灵的净土。

阮瑀是一个聪明人，懂得在乱世自保的办法就是如同商山四皓一样隐居起来。他并不是想挑战权威，得罪曹洪。只是在这样一种环境下、心态下，选择隐居对他来说是最好的出路，他不想在这纷扰的乱世和曹氏权势有任何瓜葛。在这乱世活着本就不易，想要随心地活着就更难了。没有人懂得阮瑀心中的惆怅和踟蹰，他只能无奈地在自己最好的年华里躲起来，在书与琴的世界里获取短暂的解脱。

“驾，驾……”那瘦弱的驴子驮着背影孤寂的阮瑀就这样进入了深山中。他抱着师父留下的那些藏书，自顾自地跟驴子说着话：“驴儿呀，我们快点离开这个地方吧。去寻找一个能与书、琴相伴，属于我们安居的地方。”

月上山崖，夜凉如水，阮瑀听着阵阵松涛，不禁感觉寒意袭人。驴儿也打了个响嚏。“驴兄，你以后可要陪我在此安居了。你这一叫，我突然很想见一个人，王粲这等高士不知何时能得以一见？师父夸我是奇才，我看王粲才是奇人，不过王粲而今也累于功名罢了！”

想想上古隐士，他们何等高洁！而今自己能效仿古人，也算是造化弄人。“四皓隐南岳，老莱窜河滨。颜回乐陋巷，许由安贱贫。伯夷饿首阳，天下归其仁。何患处贫苦，但当守明真。”阮瑀不经意吟诵出口。

“何患处贫苦，但当守明真！一定要守住，莫蹈了老师覆辙啊！”阮瑀将毛驴拴在一棵树下，依偎着驴背嘟囔道。

自此阮瑀开始了他饥餐野果、渴饮泉水、风餐露宿的采薇生活。但是回过头来看，这段艰辛的隐居生活是他人生中最惬意的日子。

第三节 声名四起，被逼出山

阮瑀归隐了，曹洪几次三番请他出仕的事情终是没有逃过曹操的火眼金睛。坊间传言曹洪一心求贤而不得，心急之时甚至动用私刑逼迫阮瑀，奈何阮瑀死活都不答应，曹洪也是惜才，竟放他归去。只是曹洪为此事怏怏不乐了许久。

某一日，曹操叫了曹洪来家中，只见他一改往日风度，竟沉默寡言起来。曹操便问：“贤弟为何事所忧？可否说来听听？”

曹洪支支吾吾道：“只是为求一人而不得，百思不得其解。”

曹操便问：“可是那蔡邕的高徒？”

“正是那阮瑀，我想尽办法都不能请他出世为官，得不到便愈想得到。蔡邕乃奇才，蔡邕如此欣赏他，此人必有过人之处。我也想看看他究竟有何长足之处，名声竟传遍了洛阳。而今就连我请他出仕，他都不曾应允，我都不知道，我竟为求一人做了这么多事情，想了这么多办法，可惜还是没有求得此人，心中甚是遗憾。”曹洪惋惜道。

曹操也是对阮瑀早有耳闻。其实从听说阮瑀的名声之后他就派人调查过此人，知道此人绝非浪得虚名，也早有将其纳入麾下的意愿，只是时机尚未成熟。后来听说曹洪已经多次邀请他为官，以为阮瑀定会答应，怎知此人如此有气节，居然不为权势所动。蔡邕之死让曹操颇为心痛，这样一个奇才竟为一个小人的多疑所迫害，而今若能得他的高徒相助霸业，定是一大幸事。思量之间曹操心中对阮瑀竟有了几分好感，更是激起了非要辟他为官的想法。

转念间，曹操心中有了主意，便安慰曹洪道："贤弟不必为此忧心，有才之人必是清高，今日他不愿为官，明日我必让他投入我们门下，让大家一睹贤才之风。"

曹洪一听此言，心中豁然开朗，若是曹操能将阮瑀收入门下，自然是如虎添翼。他顿时喜上眉梢，与曹操把酒言欢。

曹操也不是简单的人，他的文才武略均属上乘。他有才华，而且心中渴慕贤才。他自己聪明，也欣赏别人的聪明，这是真正的自信。

话说曹操随后就派人去寻找阮瑀的踪迹，邀请他出山为官。

阮瑀混迹于山水之间，本以为日子就这样平淡地过下去了，可是没有想到曹操却将这一汪平静的湖水惊起了波澜。

某一日，在山中如同野人一般飞来荡去采了野果、汲了泉水的阮瑀引吭高歌着奔向自己的小窝。远远地他听得驴儿嘶叫着，还以为它吃完了草，等他加草，不由得加快了步伐，越走近便发现有几个人几匹马站在小驴周围，似在等他回来。他心中不由一惊："这是终于找上门来了吗？还真是不死心啊。我并不是要故意归隐让你们几次三番来请我的，我是不想参与你们的事情呀。想过个平淡的日子怎么就这么难呢？"他转身就想躲开去，可是那些人眼尖脚快，这就跟了上来，彬彬有礼地表达了来意："阁下就是阮瑀阮公子吧？我们是曹丞相手下的亲信，此番前来诚心邀请您出山。曹丞相知道前番您不屈就于曹都护门下，今日特安排我们兄弟几人前来，希望您能答应曹丞相的邀请，日后在曹丞相门下一展风采，大施身手。”说着就奉上了为阮瑀准备的礼物。只见锦盒里放着金灿灿的黄金，明晃晃的白银，还有些奇珍异宝，可惜这都不是阮瑀感兴趣的。倒是那几本书还有点意思，却也比不上自己的那些藏书，他的眼神只停留了那么一下。曹操这些门人倒也精明，便直言：“得知公子博学，定不会为身外之物所惑，近日寻得几本好书送给公子一睹，好书赠才子，还望公子赏脸笑纳。”

原来这次竟是曹操请他出山，可是对他来说不管是谁来都一样。阮瑀心中思量着：“跟了谁都一样，还不是要为你们卖命！即使他日你要造反，我也只能跟着一条道走到黑。我可不想把自己的命运交到他人手里。这山间逍遥自在的日子好不惬意，我为何要去受那般束缚？”

“多谢曹丞相美意，元瑜（阮瑀的字）不才，不敢受命！至于那些礼物，无功不受禄，还烦劳几位壮士带回去吧。现下我要休息了，几位请自便。”阮瑀婉言拒绝，说着就走进了自己的小屋，也不管那几个憋得脸红脖子粗的门人。

他们在屋外稍候片刻，似在商议对策，料想回去不好交差吧。可面对阮瑀也是无计可施，看天色不早，也就怏怏不乐地离去了。

阮瑀私下里以为日子还如从前一般，内心却不自觉地担忧：“躲到深山了，他们还能找到，是否自己走得不够远，或者是曹操此人果真有过人之处？藏在这深山之中，罕无人迹他居然都能找到自己。还是得尽快换地方，省得被这些人惊扰。”

可惜阮瑀错了，曹操不是曹洪，他既然已经下定决心要让阮瑀出山，就必会不择手段地达到目的。这次请阮瑀出山碰壁了，曹操也早有心理准备，料定阮瑀必不会因为自己丞相的身份一次邀请就出山。听了手下人的汇报，他心中甚至有一丝欣慰，自己果然没有看错人，这个阮瑀是一个高士，视钱财如粪土，倒是在意那些书籍。这是阮瑀的爱好，这时也是他的一个弱点，可以从此处下手，想必能有一定成效。

曹操这就下令手下去寻找珍贵的书籍，准备投其所好送给阮瑀。可阮瑀此时已有了防备，换了居所，四处流浪。曹操倒也不急不气，只是吩咐手下暗中寻找他的踪迹，再随时跟踪，只等合适的机会请其出山。

过了一段时日，曹操的手下又见到了阮瑀。他们眉眼之间更加恭敬，语气更加虔诚，送来了珍贵的书籍。阮瑀看着那些珍贵的书籍心中甚是纠结，不想出山却又十分爱惜那些书籍。手下人一看便知曹丞相的确找准了阮瑀的软肋，便不再言语，只是留下了那些书籍悄然离去。

就这样曹操又派人请了阮瑀好几回，却不见他对出山之事明确地表态，连曹操自己也有些急了。阮瑀却想着："好书尽管送来，看你还有什么高招让我出山!"其实在这几次来往中阮瑀对曹操印象倒是有了几分改观，心中对他有了几分好感。

眼见着曹洪把他最漂亮的女儿后来嫁给了荀粲。荀粲可是最早的玄学家之一，他的父亲荀彧又是一个天下倾慕的儒家君子。连荀彧等人都出山为曹操效命了。

也正是在此时，27岁的南阳诸葛孔明，风华正茂，豪情满怀，他居然也出山了。此事让阮瑀的出山之心又多了一分。此时阮瑀已43岁，整整比诸葛亮大了16岁。阮瑀没有诸葛亮那样的军事才能，而且也没有诸葛亮那样廓然怀天下之大志，一颗雄心已经在颠沛的岁月中消磨得差不多了，但他甘愿就这样无声无息，老死山林。可阮家世代尊奉儒学，儒学积极入世、建立功名的思想也不能让阮瑀完全逃离现实。

正在他心中对出山之事有了动摇之意时，曹操终于也按捺不住了。曹操心想着："阮瑀呀阮瑀，我几次三番诚心请你出山，你却不知好歹，想那诸葛孔明三请就出山了呀。不把你逼出山来实在是有碍我曹操的脸面。你要学那介子推，就休怪我曹操先礼后兵，对你要手段。眼看这天象，明日就是个好天气，不如就让我也当一回晋文公。只是眼下这情势可不比介子推之时，还望你不要愚蠢地死在火山之上，聪明的话就乖乖出山吧。”

曹操计划好，就吩咐手下人去做了。第二天，只见得漫山遍野都是火光，阮瑀失去了生存的条件，到底是出世还是入世，他已经没有时间去考虑这个问题了，还是保命要紧，真没想到这曹操心狠起来竟做出这样的事情，看来是自己把他逼急了吧。幸亏为了躲避曹操，方便四处奔走，他把那些书籍平时都是包裹好的，不然毁了师父心爱之物真就成了不孝之人啊。眼看火势越来越大，阮瑀便匆匆带着藏书骑着小驴往山外奔去。

其实事情到了这样一个地步，阮瑀就是不想出来也由不得他了。他不是介子推，他不愿因为出山之事丧命，身体发肤受之父母，必须要好好爱护。况且介子推不愿出山也是另有情由，介子推所处的环境不可与自己今日之境同日而语。

出山的这一路上，阮瑀心中颇为激荡，自言自语道：“师父呀师父，看来我今生和你一样，是无缘与书、琴相伴一生了，不过在这深山中能度过这样一段美好的日子，此生足矣。”阮瑀心想着：“归山之时想着‘何患处贫苦，但当守明真’，可惜我阮瑀身处这样的乱世，九州沉陆，天地虽大，却也不能给自己安放下一张安静的琴桌了。更何况安巢之下，焉有完卵？纵使我阮瑀躲到深山更深处，也未必能逃得过战火的袭扰。罢了罢了，出山之后若能得一惜才爱才的知己也是人生一大幸事，得之我幸，失之我命，认命吧。”

阮瑀出了深山，只见曹操带着人马正在等候。曹操一见阮瑀出来了，便急忙下马前去迎接，拉着阮瑀的手说：“让先生受惊了，我今日也是无奈之举。多次诚请先生出山，先生一再拒绝，我只好出此下策，还望先生大人不记小人过，不要与我置气。”

阮瑀耳听得曹操如此谦恭，也不好在众人面前拂了曹操的面子。毕竟曹操是丞相，权倾四野，为了他一介草民，也是费了一番周折。而今他要出山了，就要为曹操效命了，也得和他打好关系。他就恭敬地对曹操说："我阮瑀一介草民，劳得丞相费心，今日之事也是丞相不得已而为之，我自不会计较这些，希望他日跟着丞相能够尽绵薄之力。"

曹操听罢眉开眼笑，大手一挥，吩咐手下人赶紧帮阮瑀拿了藏书、行李，又指着一匹好马直言道："先生这就随我回府吧！奔波半日，想必先生也是累了。这是我特意为先生准备的宝马，骑上它不会那么颠簸。"说着就要扶阮瑀上马。

阮瑀吓得连连后退，急忙说道："使不得，使不得，丞相真是折煞草民了，这些事情让小民自己来就好了，多谢丞相厚爱。"说着赶忙跨上马随曹操一行打道回府了。

眼看着如今建功立业的机会就摆在面前，阮瑀那颗渐渐冷却的心似有所复苏，他只想着在牺牲了自己的个人生活出山之后能够有所作为，改变历史，而不只是像师父一样记录历史。他要亲自做历史的见证人，更渴望能改变广大民众的悲惨命运。想到这些，年过四十的阮瑀脸上微微泛起了一片潮红。今日他也是被曹操求贤的诚心所感动，这种出山方式也令他备感荣耀。自今日起，他的生活将会发生天翻地覆的改变。

第四节 文思敏捷，尽显风流

阮瑀知道，在生存现实面前，他不得不屈服。况且时势早已经变了，汝颍名士在荀彧带头下的归附，让天下人才尽归曹氏成了一种不可阻挡的趋势，曹操凭借着他的个人魅力和政治实力，将当时几乎整个中国北方的精英知识分子通通网罗起来，成为他用之不竭的智囊集团。

曹操让阮瑀与陈琳一起掌管记室。阮瑀过惯了闲云野鹤的日子，在曹营里也是自由浪荡，不与他人来往，依旧我行我素。就像当初的徐庶一样，他刚开始也是进了曹营一言不发，干起工作来潦草敷衍，得过且过。曹操是看在眼里恨在心上，这样的人才好不容易纳入麾下，却不能尽心尽力为自己去做事，心中自然是对他有极大的不满情绪。好在曹操麾下尽是精英，他对付文人颇有伎俩。当然，这与他自身有极高的文学修养和文人思维有着密不可分的关系。

曹洪眼见着阮瑀的表现，对他十分不满，大失所望。恰巧有一日他找曹操有事，却看见他愁眉不展，曹洪便问道："兄长可是有烦心事？谁让兄长不舒心，我去将他拿来。"

曹操说："还不是那个阮瑀！想尽办法把他从山中逼出来，给他安排的事情他就是不好好干，敷衍了事，长此下去，怕是不能再留他为我们所用。可是此人绝非池中之物，日后定能有所作为，我不愿看着他如此消沉下去，为我曹营的环境所牵绊。”

曹洪听了这话顿时傻眼了，他知道阮瑀这个人油盐不进，他也是没有办法了，只好对曹操说：“兄长不必为此惆怅，兄长麾下有这么多贤人，不缺他一个。兄长要是实在舍不得阮瑀，就招来贤人一起想办法，必定让阮瑀全心全意为兄长所用。如有需要我的时候，兄长尽管开口。”

曹操心中现下已经有了主意，想着自己为一个门人煞费苦心，将来被后世传来也是一桩佳话吧。他对曹洪说：“过几日我想举办一场宴会，你把宾客都安排好。看着我给阮瑀安排一场好戏。定不能让他再这般浑浑噩噩地在我曹营混下去。”

曹洪听了曹操此言，心中现下明了，看来兄长是成竹在胸了，便眉开眼笑地告别曹操，去安排几日后的宴会事宜了，等着看曹操如何制伏阮瑀。

曹操深知文人的清高，对阮瑀身居深山多年暂时不能适应曹营生活颇为理解，可是却不能任由其如此下去。他更明白文人的软肋和痛处，挑衅他最后的尊严，逼着他没有退路，反而会激发他的豪情壮志，从而收到意想不到的效果。

三日后的傍晚，曹操在家中举办宴会，大宴宾客。放眼望去，人才济济，不乏名流。阮瑀坐在一个角落里安静地喝着小酒，眉间似有忧愁之色。曹操看了他一眼，没有再理，只管和众宾客举杯畅饮。酒酣淋漓之时，曹操竟也耍起酒疯来。

他指着角落里的阮瑀说：“你，阮瑀，去给我演奏一曲，和那些乐工坐在一起。今日你要是演奏不出来，以后就跟着乐工好好学习吧。”

听了曹操此言，很多人心中不解。曹操为了请阮瑀出山，可是没少费工夫。今日曹操竟如此对待阮瑀，看来是阮瑀将他惹怒了，这下阮瑀可要倒霉了。宾客中有人为阮瑀捏了一把汗，自然也有不少人像曹洪一样等着看好戏。

阮瑀是个聪明人，他知道曹操定是对自己出山以来的表现颇为失望，今日是打算在众人面前让他丢脸，好杀杀自己的锐气。可他毕竟是蔡邕的高徒，师父一生最爱琴和书，他自然少不了跟着师父苦学勤练琴技，加上他本就天资聪颖，通达音律对他来说不是难事，让他演奏一曲并不是难事，那对他来讲是一种享受。

于是，他缓缓起立，只见全场肃静，他远远地对曹操说："元瑜今日献丑了。"说完便抚琴而歌。只听得他琴音一响，便知他琴技非凡。霎时间整个厅堂之中尽是琴音，众人连呼吸都怕扰到琴音。再听他开口悠悠唱道："奕奕天门开，大魏应期运。青盖巡九州，在东西人怨。士为知己死……恩义苟敷畅，他人焉能乱。"

琴声高妙，叹为观止，一曲终了，众宾客仍在回味，正所谓余音绕梁，三日不绝，也不过如此吧。曹洪见识了阮瑀的琴技，心中自然是高兴：看来他没有看错人，阮瑀果然是才高气傲，今日兄长又得一贤才，这可是大喜事。

当然此时最高兴的就属曹操了，他听阮瑀一曲，琴技固然了得，最重要的是阮瑀在歌中一方面歌颂了曹操的伟业，另一面表达了自己愿为曹操效忠的意思。曹操听了词意，心里自然是受用无比。他顿时就明白了，阮瑀已经服软，从心里愿意跟着他了，也只有这样，他才能物尽其用，人尽其才，让阮瑀在自己所提供的平台上发挥最大的才能和作用。

这一切阮瑀心中十分明白，可是他从出山的那天起就别无选择，生于乱世，识时务者为俊杰，这是他唯一的选择。

曹操举杯向还抱着琴的阮瑀走来："元瑜自来我曹营中一直十分低调，今日可是让我们大开了眼界。想必你日后还有更多的惊喜展现给大家看，今日我们且畅饮畅谈。来，我和你喝一杯。"

阮瑀微笑着放了琴，举起酒杯，直言道：“承蒙丞相厚爱，元瑜习惯了山野生活，不懂曹营规矩，日后必定潜心学习，尽心竭力为丞相尽忠。”

曹操听了这番话，心中十分高兴，认为阮瑀没有二心，可以委以重任，就当场宣布：“今日我与诸位尽情畅饮，希望各位贤士和元瑜一样日后能够共同为江山社稷尽心尽力。我现在任命元瑜为司空军谋祭酒（本称司空军师祭酒，避司马师讳），好了，大家开怀畅饮吧，我们不醉不归。”

和众人酒过三巡，曹操私下将陈琳叫来，当着阮瑀的面对他说：“孔璋，今后你和元瑜一起共事。元瑜在山中生活多年，在曹营定有诸多不习惯之处，你可要多多照顾。希望你们以后能够合作愉快。”

陈琳听了此言，应承不迭。阮瑀看了曹操此举，心中甚是感动，曹操门下贤人众多，却对自己青睐有加，日后自己必当尽心效力以求报答。

接下来，阮瑀就成了曹氏集团重要的文职官员，担任司空军谋祭酒一职，与陈琳一同起草国书和檄文。

为曹操效力并不是不智的选择，但曹操身处要位，对于汉末名士热爱结党清议的铁腕肃清又让这些名士必须收敛自己那些针砭时弊的言行，必须隐藏起他们高傲和自珍的棱角，只有如此才能暂居一席之地，所以为曹操工作不一定心情舒畅，伴君如伴虎，这是亘古不变的事实。自然曹操也不能例外。

阮瑀经历过人生的诸多变故，在这时候出仕，不争不抢，却保持着足够的政治警觉。天下纷争暂且不论，就是曹操的阵营里也是各党各派好不复杂，有亲汉献帝的，也有从大大小小的军阀那里整合过来、还没完全收服的，合纵连横间利益纠葛复杂得让人应接不暇。不过阮瑀始终保持冷眼旁观的状态，他既不热衷于往上爬，也不跟主流唱反调。我们可以看到他帮曹操撰写的文章中也是淡淡的，带着一丝游离的气息，这跟他本身的阅历和心态有很大的关系。

阮瑀跟着蔡邕学习，学得最好的就属音乐和辞赋。他写文章，无论辞赋书信，均写得又快又好，一气呵成，都不用修改，都是“一遍成”。

建安十六年（公元211年），阮瑀随军出征关中。曹操着急要拟一封致关西军阀韩遂的书信，便招来阮瑀想让他书写：“先生今日须代我做书信于韩遂。来人，笔墨纸砚伺候。此件急用，先生可要抓紧时间。”

曹操本想着阮瑀要下马书写，不承想阮瑀坐在马上微微一笑，直言道：“属下领命。您稍等。”只见他人未下马，臀未离鞍，提笔就写，顷刻拟就，呈于曹操。曹操看了此举，心中甚是惊叹，接过拟文后，本想依着惯例作适当改动，但看了半天，竟不能增减一字。他不由得对阮瑀大加赞赏，啧啧称奇。难怪曹丕也称赞阮瑀的文章：“书记翩翩，知足乐也。”

自此之后曹操对阮瑀越发器重了。但是，阮瑀对蔡邕的死可以说至今心有余悸。他从不敢恃宠而骄，也怕树大招风，只是表现得愈加谨小慎微了。对他来说，只要心中始终是归隐的状态，那么在哪里都是可以归隐的。而出仕亦是一种隐，正所谓“小隐隐于山，中隐隐于世，大隐隐于朝”。当年他隐于深山，只是不想被外界所扰，而今他被迫出山，依然可以隐于朝廷，所幸有曹操这个靠山，倒是少了不少烦恼。可以说，阮瑀比蔡邕眼光要远，能遇上曹操也使他的命运幸运得多。

第五节 心怀大同，循循善诱

曹操对阮瑀委以重任，当然阮瑀也是不辱使命，写下了流传千古的《纪征赋》、《为曹公与刘备书》、《苦雨诗》及《为曹公作书与孙权》等作品。尤其是在《为曹公作书与孙权》中，我们可以看到阮瑀内心深处始终坚持着天下大同的信念，他的思维轨迹依然围绕着那个以德怀人的理想，那个王师征而不战、战而不胜的信念。

同样是写檄文，阮瑀和陈琳的风格各有千秋，观其人亦如此。陈琳的文章气势如虹，说得头头是道，不管是谁，总先将其人揪出来，连着祖宗八代挥倒一片，再步步紧逼，杀人不见血，然而陈琳的文章总会给人色厉内荏的感觉，表面看很有道理，实际上没有多少分量。和陈琳比起来，阮瑀却是温文尔雅的，对孙权，他动之以情，晓之以理，与其说是檄文，不如说是劝降。阮瑀的文章讲求切磋琢磨，不会咄咄逼人，看起来温和，却让人信服。阮瑀经历世间沧桑，早已将一身锐气磨成了千尺潭水，温文尔雅，又深不见底。他的为人和文章如出一辙，均是温润有力。他为曹操做事，却总会让人觉得他游离于曹操的管辖范围之外。他虽然勤勤恳恳地工作，却在这种游离间若有若无地表示着自己的不满意。曹操是逐鹿中原的枭雄，却不是定鼎中原的仁君。阮瑀只能选择独善其身，一旦给他机会，他自会逃离这一切纷扰。

阮瑀给孙权的书信中以曹操的语气娓娓道来。他从一开始就打温情牌，不由得让人放松警惕，反而感觉如沐春风，不自觉就亲近了起来。信中言道：“我自从和你分离以来，到现在为止已经有三年了。我从未忘记过我们以前的情谊，反而是随着时间的流逝觉得我们的情谊更加珍贵。也正是因为我们是姻亲的原因，我坚信我们之间的恩情深厚，而那些不愉快的经历我早已置之脑后，让它随风飘散了。我自己心中是这样坚定地认为的，我觉得我们是一样的人，所以你的心中也应该是这样想的吧。每当想到古往今来那些高人为一些事情不能释怀，心中耿耿于怀而最终兵戎相见的例子，我心中就十分悲痛，这些事情很多都是源于人心中的一点小嫌隙，当事者不能放下，始终心怀怨恨，最终酿成惨剧。就像韩信为失去楚国的封地而伤心不已，彭宠把自己看得太高觉得自己享受的待遇不够，卢绾心中十分惧怕自己曾经做的错事被揭露出来，英布则担忧自己私下被人告发，这都是引起事变的原因。我和将军你情同手足，恩深情重，把江南之地割给你而不置于扬州的辖下，这和淮阴侯失去他日领地而引起仇恨是不一样的。扬州刺史刘馥曾数次公开上奏，像朱浮弹劾彭宠一样弹劾你，我都把这事压了下去，反而待你更加亲厚，这是因为我觉得你不会做对不起我的事情，而且我相信你的为人。你并没有做像隐藏张胜这样的间谍的事情，我这里也没有收到像贲赫这样告发谋反的检举，现在我们之间的事情完全不是燕王、淮南王当时所处的情形，不能同日而语。现今你竟然公然违抗朝廷命令，抛弃我这忠实的友邦，想来实在是被奸佞所迷惑陷害的缘故。像这样，喜欢说甜言蜜语却做了伤害你事情的人必然只是口头上为你好，其实最容易误导你去做不该做的事情，让你伤害你真正的兄弟和朋友。他们用那些灾祸来警告人，用以前受过的耻辱来激励人，作为一个大丈夫，雄心怎么能不愤发？想当初苏秦就是用这样的方式来游说韩王的，韩王听信苏秦之言按剑而怒，后来兵败地割虽说也很后悔，但无力挽回，这也是人之常情。你年轻气盛，阅历尚浅，相信自己亲信的话，既怕大祸临头，心中又怀愤恨，这样就容易被蒙蔽，远不能明白我对你的心意，近不能看清局势，导致你轻易地放弃以前坚定正确的决定，对时事和人心作出错误的判断。再加上刘备在你旁边煽风点火，寻衅滋事，误导你做出伤害我们之间感情的事情，导致事态急转直下。事情演变成而今的局面，我想这不是你我愿意看到的，也是你没有想到的吧？”

阮瑀将孙权的对抗归结为年少气盛，受坏人误导煽动，确实是一时没有想明白，被蒙蔽了，曹操对此心中十分悲痛，不愿事情往更糟糕的方向发展，所以愿意既往不咎，兄弟之间念及姻亲深恩，倒是语重心长地对孙权循循善诱了一番，又颇为委屈地解释了一番自己在江东的坏名声。更有趣的是，他把当年的赤壁之败解释为受困于瘴气疾病的撤退，压根儿就没提孙刘联军有之事。

“我虽然没有过高的功德，却忝居高位肩负重任。幸运的是黄天庇佑，朝廷气运转为安泰之势，如此方能平复天下，使民众信服，正在为天下大势安定、万民可以安居乐业之事欣喜。此时我们之间的姻亲却面临决裂，你这个对我来说很重要的盟友却与我之间有了嫌隙，我很担忧天下人多做猜测，以为我对你包藏祸心，在你背后施展郑武公伐胡的诡计，因此天下人都来谴责我。为这件事情我心中惴惴不安已经很久了，心中惭愧得夜不能寐，就思量着怎样才能和你冰释嫌隙，重归于好，从而使得我们两家能够和睦相处，共享盛世荣华富贵，庇荫子孙，以向你表明我的一片真心。虽然我心中一直有这种想法，但是最近几年一直没有找到好机会去付诸实践。想当年赤壁之战，我们遭遇了十分可怕的瘟疫，我无奈之下只好将船只全数烧掉，以防瘟疫蔓延，离开那个让我们将士水土不服的地方，这并不是周瑜的兵卒所能阻挡的。为了保卫江陵，我们投入的那么多的物资都耗用完了，我实在是不忍心看着百姓忍受饥饿和战争带来的伤害，这才下令退兵，而并非周瑜打败了我。荆州本来就不是我的领土，我把它给了你，希望能够换取其他的地方，这对我来说也没有什么舍不得的。想想我以前经历的种种变故，对我来说并不重要，我心中在意的是我们之间的情谊，你又何必这般自责，如此自嫌，只因为再不愿亏欠我什么而不和我来往。想当年高帝专门设置爵位来延请田横，光武指着黄河发誓不计较朱鲔曾经犯下的罪过，而今你的小小错误难道比得上他们二人？这些都是我发自内心的肺腑之言，希望你能够早日想通，让我听到你的好消息。”

曹操深谙先礼后兵之计，阮瑀自然也是懂得，接下来阮瑀便用胜券在握的语气提出一些历史典故提醒孙权。长江的环境虽然艰险，但也不是没有办法渡过的，曹操之前只是因为瘴气所困所以才不战而退的，若是真的想要开战，必然能够直破建康城。进而劝孙权还是心中有数，好自为之吧。

“去年在谯郡那里，我新造了一些战船，便自载军队，顺流而下至九江，是想察看一下巢湖周边的地形，从而安定江滨的民心罢了，并没有作过深入江南的计划举措。就怕你身边的人还以为我惧怕他们，以为我不攻下江南是他们自己的功绩，自认为自己很厉害，西边的将士不是你们的对手，不足为患。你也更因为如此，对我失敬失畏，更听信他人谗言，与我决裂，不肯回心转意。真正有大智慧的谋士善于居安思危，看着眼前的局势思虑的都是未来的事情；而那些通达之士的规划，都是思虑未来局势的应对规划之策。所以伍子胥会预见到姑苏台将会成为麋鹿出没的荒丘，辅果能够看出智伯将做赵襄子的阶下囚，穆生才会称病离去，从而免罹于楚王戊之难，邹阳北游于梁国，不卷入吴王濞之祸。这四个人难道都是圣人吗？他们也不过是通达变数，思虑深远，以微知著，所以才能看清局势，预测到事情的发展趋势。以你的智慧，你再看看我现在的实力，掂量一下你我所能控制的土地、物力，我的实力就摆在你的眼前，难道你认为我势力弱小、不能远征，就只懂得任人宰割、苟且偷安吗？说句实在话，你要是这样想的话那就大错特错了！如果你想依仗水战的优势，临长江据守要塞之处，就能够始终阻挠王师渡江，也不一定能够守得住。水战通常会拉长战线，需要转战千里，战场局势变化万千，越国分为三军使用疑兵之计，吴国就无法抵御，汉军从夏阳潜渡，这是魏豹所没有预料到的。江河虽然宽广，王师不曾深谙水性，但战线太长你也无法做到处处防卫。这其中的利弊还是要你自己权衡，我无法将这些对你有好处的事情一一陈述。但不可否认的是，我想要和你重修旧好而使形势缓和，走向好的一面，我更不会用军事威胁逼你成为我的敌人。但是我心中十分担忧你对我有所误解，即使我情真意切地写了这封信给你。我为什么会这么说呢？从前我带领大军进逼江南之地最后都退还回去，现在我远在中原之地写信来安慰笼络你，对你十分客气，讲求情谊，只怕得知此事的人认为是我的力量薄弱，不敢和你抗衡。如此不但不能打动他们，反而让他们错误地判断此事，徒增嚣张气焰。请你看看古往今来的那些事例，然后自己仔细思量后，再下决断该怎么做。当年淮南王刘安相信左吴的策划，东汉初隗嚣听从王元的话，彭宠接受亲近吏从的计谋，这三个匹夫始终不能看清形势，到最后也没有醒悟，以致成为了后人的笑柄。梁孝王不敢藏匿公孙诡、羊胜，窦融斥退张玄，二位贤者能够及时觉悟，福报也随之而来。如果莫能内取子布，外击刘备，以实际行动显示你的一片忠心，拿出和我恢复以前的亲密友好关系的诚意，那么长江以外之地，我将会可以长期地交给你管理；高位重爵，假以时日唾手可得。这样的话既可以使圣朝免于东征之劳苦，更能保百姓安全之福祉，你可以安享荣华富贵，我也乐得落个清闲，岂不快哉！如果你不在意我至诚的提议，依旧被奸人谗言所迷惑，始终抱着侥幸的心理去亲近这两个人，那正是成全了他们所谓的小人之仁、大仁之贼，大雅之人是不会去做这种事的。如果你因为怜悯子布，就愿意和他生死与共，若他也能回心转意忘却旧时的恩怨，顺从你的主张，那么你大可以再给他个机会，看看他是否真心与你和好。这样的话你就只用擒获刘备，也足以验证你的忠诚。我给你指明了两条道路，你可以仔细选择其中一项去执行。”

阮瑀给孙权指出了两个出路，表明曹操还是愿意顾念旧情，和他重修于好，并且愿意联手消灭刘备，从而共享荣华富贵，照旧是劝降。后来又隐约提点孙权：“别以为我不知道你那边的情况，你现在面临着旱灾、疫病，早已乱成了一锅粥。我现在不攻打你是给你面子，即使我打了那也是被我的将军们逼得无奈，你就看着办吧!”

“我听说了荆、扬诸将所得降者的消息，外面纷纷传言交州被你幽禁，豫章抗拒你的命令，并不承认你派去的官员，你们那里天灾人祸一起爆发，现在正盛行瘟疫、旱灾，人民、士兵都数量大减，苦不堪言，荆、扬诸将各个都请求我进军。我听到这些话，一点也不感到高兴。我怕这些传言只是以讹传讹，再者，降者的话难以尽信，更重要的是别人遭灾了他们还在一边幸灾乐祸，这并不是君子所为。况且不管哪里的百姓都是国家的子民，遭受了天灾就更应该多加关怀，全力去帮助他们安居乐业。我现在就在一心一意加强自己德行的修养，如果能够让远近的贤士都能慕名争相来归附，不用兵戎相见就能天下平定，这对我来说才是更可贵的。也正是因为这个缘故，我严词拒绝了他们的请求，要求他们按兵不动，各守其位，赶紧给你写信吐露我的心声。从古至今，就算双方正在交战，使者也可以在其中往来。希望你能够体谅我的一片苦心，认真听取我的意见，早日回心转意，以应诗人补衮之叹，而要警惕《周易》牵复之义。外表鲜艳美丽的锦鱼只有在清澈的水中才会畅游洗濯，一飞冲天的良禽只有在广阔的青天下才能展翅翱翔，现在正是这种大好时机，你可千万不要错过啊!”

阮瑀在文章中下意识表现出的温文尔雅，动之以情，晓之以理。从仁义的角度出发，点到即止，让我们看到了他心中心怀大同、希望百姓安居乐业、战事少起的心愿，他也是将这种思想作为最高的理想来奉行。

第六节 心向曹丕，诗文名世

阮瑀心怀大同，悲天悯人。从最初为了躲避乱世纷扰到为曹氏抚琴唱赞歌，表明了阮瑀不是一个一条道走到黑的书生，为了避祸他也会静观其变。

阮瑀的文章温文尔雅，做人亦是谨言慎行。大隐隐于朝，但这需要极大的勇气，也需要更多的智慧。隐于朝，就是要提着脑袋过日子，所以阮瑀并不快乐，他每日在战战兢兢中度过，惶惶不可终日。

三国时的杨修可谓聪明，但是恃才傲物害了他的性命。他参与了世子之争，干预了曹操的家事，所以惹来了杀身之祸。世子之争是每个臣子都要面对的事情，关键是千万不能参与，否则就死无葬身之地。阮瑀也面临这个难题。

他身在曹操门下，自然少不了与曹操的儿子们来往。在与曹丕、曹植的交往中，阮瑀似乎和曹植的关系并不那么近。这自然与他的工作和同僚有很大的关系。文学掾司马懿也是出身于儒学世家，二人之间颇有相似之处，尤其是在价值观方面不谋而合。

司马懿当时也是装病不愿出仕，他伪装半身不遂却露了馅，只好出仕了。他们二人因为工作的原因朝夕相处，私交甚好。曹丕长期管理秘书办的工作，和他们二人打交道的时候比较多，一来二去在工作私交上都颇有交情，他二人在曹丕那里也很有些地位，想来曹丕也是有个人魅力所在的。也正因为如此，阮瑀在曹操立太子的事情上虽没有明确表态，但还是比较倾向于曹丕，只是他表现得不显山露水，不露声色。

建安十六年，曹丕官任五官郎中将、副丞相。有一天，阮瑀正和曹丕谈诗论文，相互切磋，只见司马懿兴致勃勃地进来了。

曹丕眼见得他足下生风，面露喜色，不由得问了一句："仲达今日满面春风，可是有什么大喜事？说来让我与元瑜也跟着你高兴一番。"

司马懿神秘地卖起了关子："你们猜猜，今日这喜事可非同小可，当真是天大的喜事！"

阮瑀一语中的："到底是什么事情呀？眼下可再没有比立嗣还大的事情了。"

司马懿见阮瑀已经猜到了，就说了出来："正是立嗣的事情。告诉你们吧，今日大王找我去谈立嗣一事了。看来大王是决意要册立五官郎中将子恒为太子了！"

"这是真的吗？"得知此事，一向沉稳的曹丕高兴得手舞足蹈。

司马懿说："我怎么敢用这样的大事来开玩笑呢？"接着便把曹操和他一起讨论立嗣的事情一五一十地向阮瑀和曹丕说了一遍。曹丕当下心中十分高兴。阮瑀听了，沉思了片刻，把司马懿拽到一边，悄悄地对司马懿说："这对五官郎中将来说，自然是天大的喜讯。可对你仲达老弟来说，却是吉凶难料，就你方才所说的那些话……唉，有些话，我也不知道要怎么对你说，自古官场险恶，你好自珍重，我不说也罢。"

司马懿听了此言，心中颇为忐忑，想必是自己说错了什么话，才使得阮瑀话中有话。他这便赶紧背过曹丕，虚心向阮瑀请教。阮瑀被他软磨硬泡，只好实话实说："像立嗣这样的事情，你大可不必和明公讨论，更不要表明自己的态度。对明公来说，子恒、子植都是他的儿子，两个人都有才华，一旦明公对立嗣的事情又改变了主意，你今日的言行岂不是将自己置于危险的处境之中？

依我看，以你的文笔才华，在文学上苦下功夫，他日一定会有所建树。”

岂料司马懿此刻心情亢奋，正对前途充满了信心和憧憬。只见他拉起阮瑀的手，慷慨激昂地说：“我还是有自知之明的，我的文采和你比起来，实在相差太远。何况我们如今生逢乱世，我心里总觉得写诗作赋并不能改变现实。我司马氏的先祖，都是在战马上建功立业的，我理应发扬先祖的遗风，在马背上实现我的人生理想。”说到这里，他突然转了话题：“当然，写诗作赋，留名千古，也很风流。但我们如今已锦衣玉食，又怎能再去风花雪月，不顾天下苍生？眼下最要紧的还是辅佐大王平定天下，开创盛世伟业呀！”

听了司马懿的话，阮瑀也不好再说什么，只能随他去了。曹丕听了，则击掌叫好：“仲达说得对，男子汉大丈夫岂能只求安身立命？能有机会就要去做出一番作为，岂能庸庸碌碌，虚度人生？”后来，果然不负司马懿所望，曹丕当了皇帝，自然也是对司马懿加以重用。

从这件事可以看出，阮瑀始终谨言慎行，在世子之争这件事情上表现得相当理智，他不想趟这个浑水。他一贯游离于政治之外，奉行明哲保身的策略，但是面对好友身处险境，他毅然说出个中利害。这也为他赢得了司马懿这位好友，使得两家成了世交。

司马懿的豪情让我们佩服，可生逢乱世，身不由己，我们又怎能强求阮瑀呢？阮瑀和他的师父蔡邕一样，在用他们文人独特的方式作出抗争。阮瑀不愿卷入世子之争，他寄情于创作，始终没有忘记自己与书琴为伴的理想，纵然不能过理想的生活，但也要始终铭记自己的理想并为之努力奋斗，为此，他自然也要失去一些对他来说并不重要的东西。

尽管阮瑀跟随曹操，但他依然保持自己的想法，并没有一味地为曹操唱赞歌。他骨子里对曹操取士的价值观还是持不同意见的，虽然看不到他与曹操离心离德的行为，但是我们从他的《吊伯夷文》中依稀可以察觉到他与曹操的观点有所出入。

建安十六年七月，阮瑀随曹操西征马超，途中经过首阳山，阮瑀与王粲同作了《吊伯夷文》，以此祭吊伯夷、叔齐二人。

想当年伯夷和叔齐不愿吃周王朝赐予的食物，最终饿死在首阳山。他们一直被认为是有气节守志向的道德楷模，孔子说他们是“古之贤人也”，孟子说他们是“圣之清者也”，屈原希望自己“行比伯夷，置以为像兮”，陶渊明称赞他们“贞风凌俗，爰感懦夫”，唐代以后更有众多名人为他们写赞歌。曹操的观点却很有曹家特色，他认为“昔夷齐弃爵而讥武王，可谓愚暗”（裴注引《魏略》），阮瑀的吊文却丝毫不认为伯夷有什么“愚暗”之处：“余以王事，适彼洛师。瞻望首阳，敬吊伯夷。东海让国，西山采薇。重德轻身，隐景潜辉。求仁得仁，报之仲尼。没而不朽，身沈名飞。稽首凭吊，向往深之。”

吊文虽然不完整了，我们仍然可以看出阮瑀对伯夷的选择十分肯定和崇敬，由此处可以略微看到他很难事事都与曹操站在同一立场上。

阮瑀的最后一个官职是“为仓曹掾属”，至于他什么时候开始担任这个职务的，时间不详，俞绍初在“七子年谱”中说建安十六年（公民 211 年）已任此职，阮瑀写《吊伯夷文》也在这一年的秋季，因此我们隐约可以猜测到大致他担任“仓曹掾属”与作吊文之间是有些因果关系的。清朝洪饴孙的《三国职官表》中说“仓曹掾属”官居“第七品，主仓谷事”，之前阮瑀所任的“军谋祭酒”官居“第五品”。由此看来，阮瑀出任仓曹掾的副手“仓曹掾属”便不无贬官的味道。

不论是归隐还是投奔曹操期间，阮瑀一直都在写诗作赋，他从未忘记自己的理想。他在诗歌方面取得了一定成就，今存诗 10 余首，其中最有名的就是《驾出北郭门行》。这首诗全篇以对话的方式写成，语言质朴易懂，感情真挚深厚，格调苍劲悲凉，十分接近乐府民歌的风格。这首诗描写了一个孤儿受后母虐待的情景，从侧面反映了汉末世风日下的社会现实，其风格与汉乐府《孤儿行》颇为相近。

驾出北郭门，马樊不肯驰。下车步踟蹰，抑折枯杨枝。

顾闻丘林中，嗷嗷有悲啼。借问啼者出：“何为乃如斯?”

“亲母舍我殁，后母憎孤儿。饥寒无衣食，举动鞭捶施。

骨消肌肉尽，体若枯树皮。藏我空室中，父还不能知。

上冢察故处，存亡永别离。亲母何可见？泪下声正嘶。

弃我于此间，穷厄岂有赀!”传告后代人，以此为明规。

想必这种情形在那时十分常见，战乱、瘟疫，时时刻刻都在死人，有多少孩子变成了孤儿。阮瑀看着这亲人阴阳相隔、惨绝人寰的一幕幕不断地发生，他心中该有多么悲痛，却又无能为力。

阮瑀还有两首《咏史诗》，诗中包含了荆轲刺秦王等内容，他站在臣民的角度上表明痛恨战争和暴政的态度，无情地批判了历史上的君王暴政。

其一

误哉秦穆公，身没从三良。

忠臣不违命，随躯就死亡。

低头窥圹户，仰视日月光。

谁谓此可处，恩义不可忘。

路人为流涕，黄鸟鸣高桑。

其二

燕丹善勇士，荆轲为上宾。

图尽擢匕首，长驱西入秦。

素车驾白马，相送易水津。

渐离击筑歌，悲声感路人。

举坐同咨嗟，叹气若青云。

其实在今天，当我们读“建安七子”的作品时，会发现他们之中没有一个是真正的隐居者，也没有一个是精神麻木者。他们当中的大多数人，都是被迫出来做官，但在做官以后仍旧从事文学创作。他们之中要属阮瑀的格调最为凄凉低沉，是对现实生活的真实反映，没有任何的粉饰。我们读阮瑀的诗，常会感到很压抑苦闷，觉得他的心底似乎隐藏着某些不可化解的压抑情绪，比如：

还坐长叹息，忧忧安可忘。（《杂诗》其一）

思虑益惆怅，泪下沾裳衣。（《杂诗》其二）

客行易感悴，我心摧已伤。（《苦雨》）

犹获婴凶罪，流落恒苦辛。（《怨诗》）

阮瑀的《七哀诗》、《怨诗》等，都是感人的悲愤之作。

七哀诗

丁年难再遇，富贵不重来。
良时忽一过，身体为土灰。
冥冥九泉室，漫漫长夜台。
身尽气力索，精魂靡所能。
嘉肴设不御，旨酒盈觞杯。
出圹望故乡，但见蒿与莱。

阮瑀在诗歌方面有所成就，对于写文章也有自己的见解。他认为文章最重要的是它的内在含义，形式则是次要的，他主张“意崇敦朴”。在文学理论方面，阮瑀着有《文质论》一文，表达了他重质轻文的文学观点。

第七节 为知己死，后世流芳

阮瑀也有一些作品是意气风发的，这与他当时所处的环境变化有很大的关系。从文学年代学角度来看，建安十三年（公元 208 年）是建安文学上的分水岭，建安十三年前，文人散落在全国各地，文学创作处于个人自发状态。建安十三年之后，随着曹操把一众贤人收络起来，渐渐形成了邺下集团，文人们所处的环境引发了他们心态的变化，从而使得他们的文学创作也有了明显的转变。

“建安七子”基本上都是在建安年间陆续来到曹操门下的。曹操的霸业不断扩张的时候，也就是文士先后投身曹营、陆续来到邺城的过程。建安文人齐集邺下，结束了他们颠沛流离的生活，开始有相对稳定的生活环境，这安定和贤士集聚的生活状态，使他们焕发了往日的活力，饱满的情绪得以迸发。他们的文学创作进入了一个新的高潮期。

建安十三年前后文人生活环境的变化，对他们的心态和创作有极大的影响。诸子在归曹之前的创作多描写战乱，表现民生疾苦，阮瑀的《驾出北郭门》就是一个典型的例子，风格上也多以慷慨悲凉为基调。诚如刘勰所论：“观其时文，雅好慷慨，良由世积乱离，风衰俗怨，并志深而笔长，故梗概而多气也。”到文士集齐之时，由于曹操对他们的重用和信任；他们以为自己终于遇到了明主贤君，他们都渴望实现自己建功立业、为民谋福的愿望。在创作上，他们也不再以汉末战乱为主要表现对象了，而以对曹氏父子的歌颂和表现自己强烈的功名意识为主题。

从建安十三年到建安十七年（公元 212 年），建安文人是在跟着曹操从征和宴游的集体活动中匆忙度过的。建安十三年诸子随曹操征刘表，后均参与了赤壁之战，这是诸子集齐后第一次集体随征。在随征途中，集体生活状态促进了文人的创作，而且这种文学创作在方式上具有群体性的特点，最主要的表现就是相同题材的作品几乎同一时间大量涌现，文士之间辞赋唱和，你来我往，好不兴盛。和袁绍、刘表相比之下，曹操对文士们是相当重视的，因此他幕下的文士们能够感受到曹操的信任和给予他们文学创作上的自由，他们愿意跟随曹操出征，此时他们集体的精神状态是积极踊跃、乐观向上的。

建安十六年（公元 211 年）五月，阮瑀等人随曹丕游南皮，此次南皮之行，同行人员众多，大家都情绪高昂，一路上气氛颇为融洽。同年六月，在西园，曹丕和曹植以及邺下文士一起举行了宴饮游览的盛会，这也就是我们所熟知的“邺中宴集”。在宴游的过程中，文士们同题唱和或辞赋酬酢，写出来大量的作品。从时间上看，曹丕一行南皮之游后紧接着就是回邺之后继续纵情游乐，再此期间阮瑀创作了《公宴诗》、《止欲赋》等，这都是当时的唱和之作。

阮瑀自建安十二年（公元 207 年）从征乌桓，十三年从征刘表，参加赤壁之战，建安十六年随曹操西征马超。这时期阮瑀除了跟随曹操出征外，另一个重要的活动就是参加建安文人的群体宴游集会，可以看出，这既是阮瑀活动的频繁期，也是他创作的一个高潮期。

建安十七年正月，曹操大军回到了邺城。这一年阮瑀却因病去世，但具体卒于哪个月份，未见史料中有记载。阮瑀去世之后，曹丕、王粲等都曾作诗文来缅怀他，曹丕等人辞赋中谈及的时节为深秋、初冬之时，我们大概可以推算出阮瑀也许就是卒于深秋之时，抑或更早。据此我们也可以推测，47 岁的阮瑀很有可能是在随征马超途中或因舟车劳顿，免疫力急剧下降，不幸染上瘟疫，在建安十七年回到邺城后，身体状态每况愈下，终于没有熬过建安十七年的深秋就撒手人寰了。

阮瑀一生最荣耀的时刻就是曹操请他出山，他跟着曹操的几年中也算是实现了自己的人生抱负。尽管他和曹操之间有所龃龉，但是曹操为人还算光明磊落，并没有因为阮瑀的率真置他于死地。比起那些死于曹操手下的文人，阮瑀是幸运的。而他还遇上了曹丕这样一位知己，他能够为知己的江山未来而死也算是有一个还算圆满的结局。

阮瑀的死是他个人的悲剧，给建安文人的心灵带来了极大的触动。建安时代是个多灾多难的时代，文人们都有一颗多情善感的心，草木的影响他们的情绪，凋零乃至天气的变化都有可能亲友的逝去更让他们产生建功无望、人生无常的感伤。当时文人们处于安定的生活和愉悦的情绪之中，文学活动渐趋高潮之时，阮瑀这个朝夕相处的好友突然离世，给邺下文人带来了巨大的心理冲击。他们不但哀痛阮瑀的去世，更在心理上产生生命易逝的感伤和生活无常的感慨。

阮瑀的死直接促成了建安时代哀诔文学的出现。当时的一些文人相继因他而创作了不少诗文，如王粲的《阮元瑜诔》、《寡妇赋》、《思友赋》，曹丕的《寡妇赋》、《寡妇诗》，曹植的《寡妇诗》等等。

曹丕在《寡妇赋》序中曾说："陈留阮元瑜，与余有旧，薄命早亡，每感存其遗孤，未尝不怆然伤心，故作此赋，以叙其妻子悲苦之情，命王粲等并作之。"曹丕既然命王粲等人一起作哀诔辞赋，可见当时悼念阮瑀的作品远不止流传下来的这些。在大致相同的时间，如此多的文人均以寡妇为题材进行创作悼念同一个人，这充分说明这是邺下文人进行的一次自主性、有组织的哀悼活动。这种情况并不是偶然为之，后来王粲去世时，曹丕亦带领王粲生前的朋友悼念他，据说王粲喜欢听驴叫，曹丕便和王粲的朋友每人学一声驴叫吊唁他。由此可以推测，从阮瑀病逝开始，以曹丕为核心的建安文人围绕阮瑀之死进行了一场相当规模的集体悼念活动。这种集体创作表达对旧识离世的悲痛之情以及对生者的哀悯之心，阮瑀之死应该是首次。由此可见，阮瑀之死给邺下文人带来的心灵震撼是极大的。他的突然病逝又将文人内心深处的忧患意识唤醒了，这也是建安文学的一个转折点。

在建安诸子中，曹丕与阮瑀的关系恐怕是最为亲密的。作为阮瑀的旧交，曹丕不仅做了辞赋来悼念阮瑀，还命他人一起作诗。在《寡妇诗》中，曹丕借孤妾思君这一主题表达了寡妻对丈夫强烈的思念之情。寡妇因丈夫去世带来的凄苦悲痛，更强化了作者的哀痛。在《寡妇赋》中，通篇都是用阮瑀妻子的口吻来叙述悲痛之情。别人都能够家人团聚，快乐生活，可自己却因为丈夫去世无依无靠，还有孩子要抚养，可怜孩子那么小的年纪就失去了父亲，而她自己的满腹哀痛也无处诉说。赋中表现了曹丕对阮瑀之妻命运悲苦的同情，而自己对阮瑀的死所带来的伤痛和他的妻子一样感同身受。想到孤儿寡母在这个变化莫测的时代将要怎样艰苦地活下去，作为他的老友，怎能不为他的家人的悲惨境遇而感到伤心难过呢？

阮瑀的死给邺下文人带来的伤痛并非一时之痛。建安二十年（公元 115 年），曹丕所作《与朝歌令吴质书》中，曹丕追忆了当年与诸子一起宴游的欢乐往事，深深地感叹“斯乐难常”、“元瑜长逝，化为异物，每一念至，何时可言”。昔日的欢乐已不复存，斯人已逝，阮瑀的死给他们带来的心灵上的伤痛仍难消除，邺下文人一直在深深地怀念阮瑀，还有他们在一起的欢乐时光。

曹丕不仅一直为阮瑀的死悲痛，也对阮瑀的遗孤十分照顾。阮瑀 3 岁大的儿子在曹丕的呵护下渐渐成长，成年后也成了一个鼎鼎大名的人物，他就是阮籍。而司马家也一直顾忌他们的世交关系，对阮瑀的儿子颇为照顾。

从阮瑀的离世来看，它直接刺激了建安文人的心灵，使得他们的心态发生了转变，为他发起的悼念之作又在一定程度上拓宽了建安文学的题材，使建安文学呈现出多元化的风格。

第六章

朝云浮四海：朝雁鸣云，流离世故——应玚

应场擅长作赋，在他的《灵河赋》、《愍骥赋》、《征赋》和《公宴赋》等作品中可以看到他对劳苦人民灾难的深切同情。他渴盼国家统一，曹丕曾称赞他：“常悲然有述作意，其才华足以著书，美志不遂，良可痛惜。”

第一节 书香世家，少有才名

天下大势，分久必合，合久必分。东汉末年，桓灵二帝年少登基，一时外戚、宦官、军阀、盗寇蜂拥并起，互相明争暗斗，导致连年混战，举国上下哀鸿遍野，白骨成山，生灵涂炭，民不聊生。东汉灵帝熹平六年（公元 177 年）也注定是这乱世之中极不平凡的一年，这一年，已经持续了 8 年的党锢之祸还没有要结束的苗头；这一年，大漠孤鹰威侯马超在甘肃武威呱呱坠地，草原赤兔温侯吕布为躲避战乱跟随父母离开家乡五原，辗转流浪至并州，金枪银戟二将并出；这一年乱世枭雄曹操被调职任顿丘令，他预见到汉朝气数已尽，开始召集族人，积蓄势力；这一年，天文学家、数学家刘徽写成了数学专著《九章算术》；这一年，“书法”一词被正式提出，并逐渐发展成为一种艺术；应玚、蔡琰（蔡文姬）、王粲等人就是出生在这个不平凡的一年，开始了为中国文学史这一恢宏大厦添砖加瓦的传奇人生。

这一年出生的文人是不幸的，生逢乱世，各地军阀混战，兵荒马乱，本就很难生存，若想拥有很高的文学成就，除了达官显贵、豪商巨贾，一般家庭根本不可能提供给孩子一个良好的读书环境，正因如此，这个时代的文人才更受后人尊重与推崇；但是这一年出生的文人又是幸运的，因为与他们同时期的文人中有一个人比较突出，他既是文学家也是军阀，他击败了盘踞冀、青、并、幽的汉末最大军阀袁绍，占领了后者经营多年的邺下，他凭借着非凡的文学素养和优胜的政治地位，对汉末文坛产生了强烈的凝聚力，他就是曹操——东汉杰出的政治家、文学家、军事家。

他在邺下汇聚了一批当时为躲避战乱四处流浪的文人名士，一时“俊才云蒸，作家辈出”。这些人为着共同的文学追求聚集在一起，他们整日吟诗作赋，揭露战乱之苦，抒发忧国忧民之心，赞颂曹氏政权之德，作品多“雄健深沉，慷慨悲凉”，史称“建安风骨”，他们在这里形成了一个在中国文学史上占重要地位的“邺下文人集团”，他们其中较为突出的七人被称为“邺中七子”，又称“建安七子”。

熹平六年，曹操正在沛国谯县招兵买马时，汝南郡南顿县司空掾应珣府里，一个婴儿刚刚诞生。应珣给儿子起名“玚”，字德琏，意为美玉。这个孩子是幸运的，因为这个家庭是百年官僚世家。

这个家族的辉煌历史可以追溯到东汉初年。应珣的祖先应顺，字华仲，明帝时为太尉，章帝建初年间，举为孝廉，为尚书郎，后转右丞，出为冀州刺史，而后再迁东平相，和帝永元年间，历左冯翊、河南尹、将作大匠。为三朝元老，史载应顺“公廉约己，明达政事”。应顺生十子，皆有才学。其中一个儿子应叠，做过江夏太守。应叠生应郴，做过武陵太守。应郴生应奉，就是应珣的父亲。应奉字世叔，顺帝时人物，少聪慧，记忆力特别好，达到惊人的地步，看书总是五行五行地看（“五行齐下”），从小到大，他经历过的事情都能记住。相传应奉20岁时候，他为“决曹史”抄录全郡四十二县的罪犯名单报送刑部，总共数百人回郡以后，太守很详细地问他所送罪犯的情况，应奉竟然能将所录罪犯的姓名、罪状、罪行轻重等，全部准确背诵下来，毫无遗漏。还有一次应奉去拜访当时任彭城相的［汝南袁贺汝南袁氏是当时的名门望族，祖上“四世三公”，袁贺的后一代袁绍、袁术更是名噪一时，袁绍是汉末最大军阀，后被曹操所灭；袁术甚至于汉献帝］建安二年（公元公元197年）在寿春称帝，不过只有两年，先后被吕布、曹操、孙策、刘备轮番攻击，最后众叛亲离、呕血而死]，不巧“适贺将出行，闭门造车。匠于内开扇出半面视之。后数十年，路逢车匠，知而招呼”，这句话意思是，应奉只在门缝中看见车夫的半张脸，10年后竟然还能凭记忆认出车夫，这就是著名的成语典故“半面之交”。后来应奉被外戚梁冀举为茂才，汉桓帝永兴元年（公元153年）拜武陵太守，“有威恩，为蛮夷所福”延熹七年（公元164年）从军骑将军冯绲征武陵蛮，以功荐为司隶校尉。后来邓皇后死，桓帝想立田贵人为皇后。应奉上书劝谏：“臣闻周纳狄女，襄王出居于郑；汉立飞燕，成帝胤嗣泯绝。母后之重，兴废所因，宜思关雎之所远，五禁之所忌；汉桓帝”桓帝于是改立窦氏为皇后，引发了后来外戚、名士联合对抗宦官的“党锢之祸”，这是一次波及全国的政治事件，导致了六七百名士大夫遭到逮捕、杀害、流徙、囚禁,》应奉深感自责，遂辞官还乡，在此期间，他“追愍屈原，因以自伤，著《感骚》三十篇，凡数万言。又尝删《史记》、《汉书》及《汉记》三百六十余年事，自汉兴至其时，凡十七卷，名曰《汉事》)。”后来文武百官举荐应奉重返政坛，但此时他刚好在家乡因病去世，葬于“百冢铺”。

应奉的儿子应劭，也就是应珣的哥哥，应玚的伯父，他“少笃学，博览多闻。灵帝时举孝廉，辟车骑将军何苗掾”。汉灵帝中平六年，拜泰山太守汉献帝;汉南 初平二年率军镇压黄巾军，前后斩首数千级，“贼皆退却，郡内以安”；汉献帝兴平元年（公元194年）依附袁绍，为袁绍谋校尉，他著《汉官礼仪故事》、《中汉辑序》,撰《风俗通》，又集解《汉书》，皆传于时。后卒于邺。应玚的父亲应珣官至司空掾。

《后汉书》同时记载了一个关于应家的传说，“中兴初，有应妪者，生四子而寡。见神光照社，试探之，乃得黄金。自是诸子宦学，并有才名，至玚七世通显”说明了应家七世辉煌的原因，到了应玚这一代终于终结了。

应玚就是在这样一个文学气息浓厚的环境中逐渐成长的，家族氛围对于应玚的影响无疑是巨大的。和祖父一样，应玚在少年时候便展示出超人的文学水平，成年后他的名声已经传遍了中国北方。

在这个时代，文人们继续着对乐府诗的探索，逐渐把五言诗创作推向高潮，汉赋在风格方面也于这一时期也得到了改进，宫廷和士族起了相当大的作用。乱世烽烟，政权更替。士人逐渐走向以宫廷为中心的文学集团，曹操就是宫廷文学集团的领袖。当时已经成为魏王的曹操在听说了应玚的才能后，将其辟为丞相掾属，应玚由此开始了他的文学生涯。

第二节 仕途几更，观弈斗鸡

公元 208 年（汉献帝建安十三年）六月，曹操被汉献帝任命为丞相之后，他便立刻召应玚为丞相掾属。公元 211 年（汉献帝建安十六年），曹操的儿子曹植被封为平原侯，应玚就转为平原侯庶子，常伴曹植左右。在这段有限的时间里，应玚和曹植的关系非常密切，两人不仅成为君臣，更是好友，应玚的才学和艺术风格对平原侯曹植的诗风形成产生了较为重要的影响。没多久，曹操的另一个儿子曹丕被封为五官中郎将、副丞相。应玚的身份就从平原侯庶子变成了将军府文学、五官中郎将文学，专门为五官中郎将曹丕掌校典籍、侍奉文章。曹丕和他的父亲一样，不仅是一位政治家，而且是位文学家。曹丕善作文章，颇有文才，与其父曹操、其弟曹植被人称为“三曹”。等陈琳、王粲、徐干、阮瑀、应玚、刘桢这些大名士渐渐聚集在自己身边时，“三曹”常常和他们切磋文艺，在邺下形成了一股强劲的建安文学之风。而曹丕实际上是邺下文人集团的领袖，他对建安文学的精神架构起到了非常关键的作用。

应玚在曹丕身边，自然少不了作文迎众。除此之外，应玚还非常热衷于围棋。

汉朝特别流行下围棋，上至君王大臣，下至平民百姓，都热衷于此。东汉著名史学家、文学家班固，也乐此不疲，为此他还写有《弈旨》一文，对围棋作了细致、深刻的论述。

《弈旨》一文指出：一个优秀的棋手要有苏（秦）、张（仪）那样的雄才大略，“固本自广”，才能让对方恐惧。此外，要“有似夏禹治水之势”，要有全局观念，计划要周密。否则如果个孔有缺口，就会被很快打败。班固还提出了在对弈中声东击西、应此攻彼的战术，说“曹（刿）子之威，作伏设诈，实围横行”、“田单之奇，要厄相劫，割地取偿”。如果自己的棋势比较不利时，应取守势，这样“既有过失，能量强弱，巡逻需行，保角依旁，却自补续，虽败不之”。后来，班固的学生马融，又写了一篇内容比《弈旨》更丰富的《围棋赋》，他对围棋的见解，博得人们的好评。大约和马融同时的李尤，也写了一篇专门论述围棋的短文《围棋铭》。《围棋铭》只有短短32个字，但就是这些短短的字句就顷刻让围棋对局时的情形跃然纸上，栩栩如生：“诗人幽忆，感物则思，忘之空闲，玩弄游意，局为宪矩，棋法阴阳。道为径纬，方错列张。”

当时，很多人也不赞成围棋。比如文士贾谊就说：“失礼迷风，围棋是也。”他认为社会的等级制和帝王的尊严是神圣不可侵犯的，而等级礼教是治邦安民之本。然而当时围棋风行，大家都被围棋迷住了，一对弈往往就忘了尊卑，失了“礼”数。所以，他认为围棋是迷乱社会风气之物，不可取。淮南王刘安在《淮南子》中也提到，下围棋太浪费时间。他指出，如果用下棋的时间去读书或求学问，那么，“闻者必广矣。”

当然，由于围棋本身具有很大的魅力，只要适度对弈，非但不浪费时间，反而能启发智力，有磨砺思维、加强人们彼此间的情感的作用。因此，那些反对围棋的言论没有起到多大作用。到三国期间，社会名流中喜欢围棋的人更多，“高品”也不乏其人。有些人在围棋方面的颇有造诣，加上他们的学识颇深和社会地位也相当高，所以，这些人对围棋的论述，其深刻性、系统性、全面性和影响力，较之前代有了很大的发展。这期间，还出现了一些有关围棋的专著。而这期间关于围棋的专著中成就最大的莫过于应玚的《弈势》。应玚作为围棋爱好者，他不但经常和其他人下围棋、切磋棋艺，还不断总结自己下棋的经验，写成《弈势》。《弈势》是以春秋时期到应玚所生活的时代一些重大战役解释围棋的战略战术，反映了古人兵法通于棋法的特点。应玚在《弈势》中说道："盖棋弈之制，所由来尚矣。有像军戎战阵之纪，旌旗既列，权虑蜂起，络绎雨集，鱼鳞雁峙，奋维阐翼，固卫边鄙，寇动北叠，备在南尾。或饰遁为旋，卓轹軿列，羸师延敌，一乘虚绝，归不得舍，两见擒灭，淮阴之谟，拔旗之势也。或匡设无常，寻变应危，寇动北垒，备在南麾，中棋既捷，四表自亏，亚夫之智，耿弇之奇也。或假道四布，周爰繁昌，云合星罗，侵逼郊场，师弱众寡，临据孤亡，披扫强御，广略土疆，昆阳之威，官渡之方也。挑诱既战，见欺敌对，纷拿相救，不量进退，群聚俱陨，力行唐突，瞋目恚愤，覆局崩溃，项将之咎，楚怀之悖也。时或失谬，收奔摄北，还自保固，完聚补塞，见可而进，先负后克，燕昭之贤，齐项之德也。长驱驰逐，见利忘害，轻敌寡备，所丧弥大，临疑犹豫，算虑不详，苟贪少获，不知所亡，当断不断，还为所谋，项羽之失，吴王之尤也。持棋相守，莫敢先动，由楚、汉之兵，相拒索、巩也。"

除了喜欢研究围棋，应玚还非常喜欢观赏斗鸡。斗鸡是当时社会上非常流行的一种娱乐活动，那些爱好玩乐的王公贵族常命人捉来两只斗鸡，把它们放在一起让它们相斗，以观赏这种你叨我啄的场面。应玚在观赏斗鸡的时候，还特地作了一首《斗鸡诗》来表达自己对斗鸡的观察。

戚戚怀不乐，无以释劳勤。

兄弟游戏场，命驾迎众宾。

二部分曹伍，群鸡焕以陈。

双距解长绁，飞踊超敌伦。

芥羽张金距，连战何缤纷。

从朝至日夕，胜负尚未分。

专场驱众敌，刚捷逸等群。

四坐同休赞，宾主怀悦欣。

博奕非不乐，此戏世所珍。

《斗鸡诗》通过动静结合的方式，将斗鸡场面描述得富于气势。我们从后面“博奕非不乐。此戏世所珍”可以看出在应玚的心里，斗鸡是比下围棋更有意思的游戏。或者是因为“双距解长绁，飞踊超敌伦。芥羽张金距，连战何缤纷”，也可能是因为“专场驱众敌，刚捷逸等群。四坐同休赞，宾主怀悦欣”，或者，在应玚看来，斗鸡像是一场微型的战争，充满挑战与战机。或者，在应玚的内心也希望有这样驰骋疆场的机会来建立功业，但是一直没有机会。

第三节 随君西狩，自喻鸿雁

公元 215 年（汉献帝建安二十年），曹操亲率大军向汉中出发，誓要平定汉中。这次军事活动中应玚和陈琳、王粲等文士一起随军出征。在这期间，应玚创作了《西征赋》和《西狩赋》。《西狩赋》写道：“伊炎汉之建安，飞龙跃乎天衢。皇宰弈而陶运，树匡翼而大摹。荡无妄之氛秽，扬威灵乎八区。开九土之旧迹，暨声教于海隅。时霜凄而淹野，寒风肃而川逝。草木纷而摇荡，鸷鸟别而高厉。既乃拣吉日，练嘉辰。清风矢戒，屏翳收尘。于是魏公乃乘雕辂，驷飞黄，拥箫钲，建九幢。按辔清途，飒沓风翔。属车紫铪蹶拢，羽骑腾骧。于是围网周舍，雷鼓天震。千乘长罗，万表星陈。双翼伉旌，八校祖分。长燧电举，高烟蔽云。尔乃徒舆并兴，方轨连质。惊飚四骇，冲禽惊溢。骋兽塞野，飞鸟蔽日。尔乃赴玄谷，陵崇峦，俯掣奔猴，仰捷飞猿。云幕被于广野，京燎照乎平原。醴炰充给，洪施普宣。”

这首《西狩赋》和《西征赋》一样，歌颂了曹操的统一战争，具有相当的历史进步意义。最终，在这年（公元 215 年）七月，曹操进至阳平关，张鲁逃往巴中。曹操继续进军南郑，尽得张鲁府库之珍宝。十一月，张鲁出降曹操，汉中遂为曹操所有。

公元216年（汉献帝建安二十一年），应玚任曹丕的文学一职，负责管理曹丕府中的文件档案和撰写校对来往官文。约在这个时候，应玚写了一首名为《侍五官中郎将建章台集诗》：

朝雁鸣云中，音响一何哀！
问子游何乡？戢翼正徘徊。
言我寒门来，将就衡阳栖。
往春翔北土，今冬客南淮。
远行蒙霜雪，毛羽日摧颓。
常恐伤肌骨，身陨沉黄泥。
简珠堕沙石，何能中自谐？
欲因云雨会，濯羽陵高梯。
良遇不可值，伸眉路何阶？
公子敬爱客，乐饮不知疲。
和颜既以畅，乃肯顾细微。
赠诗见存慰，小子非所宜。
为且极欢情，不醉其无归。
凡百敬尔位，以副饥渴怀。

"朝雁鸣云中，音响一何哀！"应玚，用清晨时分哀鸣于天空的飞雁来比喻自己过去那种漂泊无依的悲惨生活。接着作者又写：这只孤苦无依的"鸿雁"打算飞往何处去呢？它为什么双翼不展，在空中徘徊呢？形象地表现了诗人当时的迷茫和彷徨无依的神情。接下来，这只"鸿雁"对前面的问题作了回答：

“言我寒门来，就将衡阳栖。往春翔北土，今冬客南淮。”这只孤苦的飞鸟说自己从寒冷的北方来，将飞到衡阳这个大雁南飞的终点落脚。这显然是说当时社会大乱，人们为了躲避战乱而四处流浪，很多人寄身于战乱较少的南方（今冬客南淮）。

“远行蒙霜雪，毛羽日摧颓。常恐伤肌骨，身陨沉黄泥。”说明这样躲避、迁徙、漂泊的日子也并非如意。鸿雁在长期向远方迁徙的过程中蒙受了霜雪的打击，它的羽毛也被摧残而日渐脱落。不仅如此，长此以往，不仅可能伤了筋骨，而且可能会殒命黄泥之中。通过鸿雁的描写，道出人们在漂泊生涯中久历磨难，长期下去就不会高翔，甚至骨肉受尽摧残，还可能面临更大的危险，深刻且生动地反映了当时人们在连年战祸中忧惧恐慌的心理。

“简珠”句以下，话题一转，写这只“鸿雁”不甘沉沦、迫切希望改变命运的心愿。“简珠堕沙石”是说这只鸿雁落于泥地后，就像那大珠落于沙石，非常危险。面对此境，他问什么时候才能保全自己。自己的答案是趁云雨会合的好机会，濯洗自己的羽毛而凌越高阶。但这种天赐良机是非常不容易得到的。想了想后诗人又问，实在不知道令自己扬眉吐气的这条道路在哪里。

“公子”，指五官中郎将曹丕。在应场走投无路的时候，是“公子”爱惜贤才而收留自己，而且频频劝酒，好客不倦。“公子”“和颜既以畅”，无微不至地照料自己。不但频频劝酒，还在劝酒之余，赠诗表示慰问，使自己愧不敢当。

“公子敬爱客”，让诗人大为感动，决定要“不醉其无归”来报答五官中郎将曹丕。最后，诗人劝所有在座受到五官中郎将款待的士人，都应该备加珍惜自己的职位，尽心尽力来报答主人求贤若饥渴与“敬爱客”的情怀。

这首诗全诗作者都大雁自喻，回顾了自己归附曹氏前的窘迫和在曹氏处得到优厚的待遇。对比之下表现自己愿尽自己所能替曹丕效力的态度。客观地讲，这首《侍五官中郎将建章台集诗》为“应制”、“奉诏”的应酬之作。和大多数曹氏属下文士所作的《公宴诗》等类似。所以此诗不免有讨好主人之语，但更多的是自我真实感情的流露。所以，诗人在创作此诗时还是颇为注重自己的身份，不卑不亢、立言得体，在艺术上也含蓄蕴藉，算得上建安诗作中的优秀作品。

第四节 眷恋故土，泪作《别诗》

自应场来到邺城，就像《侍五官中郎将建章台集诗》中所说那样，过上了较为安定的生活。曹氏敬重他的才学，经常邀请他和其他名士一起宴游吟诗。约在这个时候应场做《公宴诗》：

巍巍主人德，嘉会被四方。
开馆延群士，置酒于新堂。
辨论释郁结，援笔兴文章。
穆穆众君子，好合同欢康。

《公宴诗》较为真实地反映了在曹丕、曹植兄弟的置酒堂上，开馆延揽众文士，大家“辩论释郁结，援笔兴文章”的一派和谐友好的文学活动景象。

在邺城，应场虽然没能完完全全地实现自己的所有理想，但总体来说，过上了安稳的生活。他再也不用像只大雁颠沛流离，而且，在这里有很多志气相投的文人雅士，可以切磋文章，也可以畅谈人生。也是在邺城，应场度过了自己最美好的年华，结交到了最出色的朋友，创作了最意的篇章。

公元217年（汉献帝建安二十二年），一场突如其来的瘟疫席卷魏国，这场瘟疫对魏国文坛来说，简直是一个梦魇。一开始，徐干、王粲等文学家相继染病过世，而应玚、刘桢和陈琳等人也相继病倒了。应玚调理数日，疾病没有一点好转的迹象。他知道了，自己将不久于人世。人们都说，人之将死，其言也善。或者说，回光返照。在病榻上，应玚突然觉得神志异常清楚，他斜躺在病榻上回首往事，不禁感慨万千。窗外的白云，东流的漳水，都勾起了自己对家乡的思念。这时，应玚突然也觉得手脚轻快了，他支撑着身体下榻伏案写下了《别诗》二首：

其一

朝云浮四海，日暮归故山。

行役怀旧土，悲思不能言。

悠悠涉千里，未知何时旋？

其二

浩浩长河水，九折东北流。

晨夜赴沧海，海水亦何抽。

远适万里道，归来未有由。

临河累太息，五内怀伤忧。

两首诗通过感叹自己孤苦的身世，流露出应玚对人世的无限眷恋和对家乡的最真切的思念。同时，《别诗》中萦绕着一种人生如浩浩的长河之水、奔流到海不复回的感叹。这首诗的诗风也平淡自然，非常清新，完全是诗人最真实感情的自然流露。

《别诗》其一写“云”，其二写“水”，是典型的借物抒情。其一内容单纯，通过“未知何时旋”质问那飘浮的云何时才能旋转回自己的故乡？让人读之备受感染；其二通俗易懂，通过写奔腾的河水一去不复返，写出自己飘零在外，不知道死后还能不能埋到故土。

应玚的作品大多清新华丽、极重辞藻，但《别诗》也许是生前最后的作品，文风显得非常特殊。这两首诗中作者并没有用到过多的修饰、比兴或者典故，而仅仅是使用白描手法，表达自己将要临终欲归故乡而不能的惆怅心情。就是这样的写作笔法和这样单纯的内容，以最真挚的感情打动了无数读者。清代大学者陈祚明在《采菽堂古诗选》中就曾评这组诗说道：“浅浅数语，自然入情。”

果然，写完这两首《别诗》后不久，应玚就因瘟疫染体，不治身亡。

应玚一生的作品和“建安七子”中的大多数人一样，也残缺不全。《隋书·经籍志》中录有《应玚集》一卷。《汉魏六朝百三名家集》中也有《应德琏集》一卷，内收应玚的赋作 13 篇、文章 6 篇、诗 4 首。

另外，应玚写有论着《文质论》：“盖皇穹肇载，阴阳初分，日月运其光，列宿曜其文，百谷丽于土，芳华茂于春。是以圣人合德天地，禀气淳灵，仰观象于玄表，俯察式于群形，穷神知化，万物是经。故否泰易趋，道无攸一，二政代序，有文有质。若乃陶唐建国，成周革命，九官咸乂，济济休令，火龙黼黻，暐韡于廊庙，衮冕旂旒，弈乎朝廷，冠德百王，莫参其政。是以仲尼叹“焕乎”之文，从“郁郁”之盛也。夫质者端一玄静，俭啬潜化利用。承清泰，御平业，循轨量，守成法。至乎应天顺民，拨乱夷世。摛藻奋权，赫奕丕烈，纪禅协律，礼仪焕列，览坟丘于皇代，建不刊之洪制。显宣尼之典教，探微言之所弊。必将游玩于左右，振饰于宫房，岂争牢伪之势、金布之刚乎！且少言辞者，孟僖所以答郊劳也；寡智见者，庆氏所以困相鼠也。今子弃五典之文，暗礼智之大，信管、望之小，寻老氏之蔽，所谓循轨常趋，未能释连环之结也。且高帝龙飞丰沛，虎据秦楚，唯德是建，唯贤是与。陆、郦摛其文辩，良、平奋其权谲，萧何创其章律，叔孙定其庠序，周樊展其忠教，韩彭列其威武。明建天下者，非一士之术；营宫庙者，非一匠之矩也。逮自高后乱德，损我宗刘。朱虚轸其虑，辟疆释其忧，曲逆规其模，郦友诈其游，袭据北军，实赖其畴。冢嗣之不替，实四老之由也。夫谏则无议以陈，问则服汗沾濡，岂若陈平敏对，叔孙据书？言辨国典，辞定皇居，然后知质者之不足，文者之有余哉。”

和应玚同为“建安七子”的阮瑀也曾写过同题的论著。在阮瑀的《文质论》中写道：“夫远不可识，文之观也；近而易察，质之用也。文虚质实，远疏近密。”可见其强调“质”的方面。而应玚的《文质论》中则强调“文”的方面超过“质”。后人评价说：“应玚（阮瑀）都有《文质论》，其基本观点是文质并重，此点与阮瑀并无不同；然而应玚侧重强调文的作用。”应玚、阮瑀二人都以自己的创作实践总结出了文学理论，这种理论对当时的文学创作有较大的指导意义，也对以后文学的发展起到了一定的推动作用。

第五节 和而不壮，文思斐然

关于应玚诗文，曹丕在《与吴质书》中说：“德琏常斐然有述作意，其才学足以着书。”肯定了应玚的优点。在肯定应玚的同时，曹丕也在《典论·论文》中写道：“今之文人，鲁国孔融、广陵陈琳、山阳王粲、北海徐干、陈留阮瑀、汝南应瑒、东平刘桢，斯七子者，於学无所遗，於辞无所假，咸自以骋骐骥於千里，仰齐足而并驰。粲长於辞赋。干时有逸气，然非粲匹也。如粲之初征、登楼、槐赋、征思，干之玄猿、漏卮、圆扇、橘赋，虽张、蔡不过也，然於他文未能称是。琳、瑀之章表书记，今之俊也。应瑒和而不壮；刘桢壮而不密。孔融体气高妙，有过人者，然不能持论，理不胜辞，至于杂以嘲戏；及其所善，扬、班之俦也。”

曹丕也指出应玚“和而不壮”的不足。确实，将应玚的作品和同时代孔融、陈琳等人的文章相比，可以看出应玚诗文的风格的确稍显平和，缺少了些许气势。

应玚的诗歌，现存有《报赵淑丽诗》、《公宴诗》、《斗鸡诗》、《侍五官中郎将建章台诗》、《别诗（两首）》。其实若用仅存的这几首诗来说应玚“和而不壮”显然是不全面的。有人说“不壮”是因为应玚的这些诗中很少写到时代动乱、拯救天下苍生的豪情。其诗作，大多是一种吞吐低回的平缓语调，因此在当时大多豪壮之情的诗作下显得有些苍白。这是应玚诗作被称为“和而不壮”、评价不高的主要原因。

应玚在《报赵淑丽诗》中写道：

朝云不归，夕结成阴。
离群犹宿，永思长吟。
有鸟孤栖，哀鸣北林。
嗟我怀矣，感物伤心。

这是表达对其妻子的思念的诗作。作者前面都是写景，直到最后一句，写道“嗟我怀矣，感物伤心”这充分表达了自己对妻子思念的哀愁。王夫之在评价这首诗的时候写道：“诗云：‘角弓其觩，旨酒斯柔。’弓宜觩也，酒宜柔也。诗之为理，与酒同德，而不与弓同用。德琏此篇，不衍其素矣。此不可与历下道，尤不许竟陵窃听。‘朝云不归，夕结成阴’，古今人所未及，可谓文心独绝。”

他认为应玚的这首诗虽然是写男女思慕之情，但写得异常温柔敦厚、柔婉动人。就像那“宜柔”之酒，和其他人所写的宫体诗的香艳之风高下立判，所以说“尤不许竟陵窃听”。可见王夫之对这首诗的评价之高。

当然，除了诗作外，应玚最主要的代表还属赋作。应玚的赋作，在“建安七子”中，数量仅次于王粲。其赋作主要有《憨骥赋》、《灵河赋》、《正情赋》、《撰征赋》、《西狩赋》、《驰射赋》、《鹦鹉赋》、《迷迭赋》、《车渠椀赋》等。其中，《慜骥赋》写得颇有特色。它主要书写了对怀才不遇的担忧，反映了当时乱世之中知识分子的普遍心理。《正情赋》上承《离骚》，深于兴寄，对后世有较大影响。《西征赋》、《西狩赋》、《撰征赋》等，歌颂了曹操的统一战争，具有一定的历史意义。

如果按照应玚赋作之内容来分类，大致可以分为三类：第一类为抒情言志之作，如《愍骥赋》、《愁霖赋》等；第二类是咏物之作，如《迷迭赋》、《车渠椀赋》、《鹦鹉赋》等；最后一类是述征之作，如《撰征赋》、《西狩赋》、《驰射赋》等。

总体来说，应玚的赋作都有自己的艺术特色，在赋作的夸张、排比、衬托等艺术方式的运用和文章豪壮之风方面都有相当重大的艺术价值。

除了赋作，应玚也有散文传世。应玚现存的散文虽然有6篇，但只有《报庞惠恭书》、《弈势》、《文质论》较为完整。

《报庞惠恭书》写道："夫《萧艾》之歌，发于信宿，《子衿》之思，起于嗣音，况实三载，能不有怀。虽萱草树背，皋苏在侧，悒愤不逞，祇以增毒。朝隐之官，宾不往来，乔木之下，旷无休息，抱劳而已。足下剖符南面，振威千里，行人子羽，朝夕相继。曾不枉咫尺之路，问蓬室之旧，过意赐书，辞不半纸，慰藉轻于缯缟，讥望重于丘山，是《角弓》之诗所以为刺也。值鹭羽于苑丘，骋骏足于株林，发明月之辉光，照妖人之窈窕。斯亦所以眩耳目之观听，亡身命于知友者也。"

《报庞惠恭书》是一篇充满真挚感情的绝交之书。应玚在文章中写道自己对庞惠恭富贵后骄奢淫逸而不顾旧友行为的不满，并写道"亡身命于知友者也"，表达自己的绝交之情。文章虽然不长，但用词极为精炼，字字铿锵有力。不仅用对比手法显示出自己不愿攀附权贵，而且引用典故来作为说服的证据。此文一出，便成为后世"绝交书"的先例，可见其影响之大。

看应玚的《报庞惠恭书》、《弈势》、《文质论》（《弈势》、《文质论》前文已有提及）三篇文章，可以看出其写作时善于运用排比、对偶、用典，同时用词华丽而有力，算得上一代大家。

应场以建安文人独特的个性和特有的创作风格，足以留名于青史。其作品，足以丰富魏晋乃至整个古代文学的宝库。

第七章

松柏有本性：乖人易感，仗气爱奇——刘桢

在建安七子当中，刘桢的五言诗为七子之尊。《汉魏六朝诗歌鉴赏集》中评价他的诗：“思健功圆，以特有的清新刚劲，为人们所激赏。不仅称美于当世，并且光景常新，能楷模身后。”刘桢擅长诗词，也善于雄辩，他与曹操、曹丕的辩论也为后人津津乐道。

第一节 诗书世家，五岁读《诗》

刘桢，字公干，出生于东平宁阳的一个读书世家。刘桢的祖父叫刘梁，又叫刘岑，字曼山，乃刘氏宗室子孙。刘梁在很小的时候就失去了父亲，因此家庭非常贫困，一直靠卖书维持生活。虽然生活贫困，却有卖书这个行当，使得刘梁学习到了不少知识。所以，在汉桓帝时，刘梁被举为孝廉，任北新城长。刘梁到任后，召集县人说："从前文翁在蜀地的时候，他的道德教化在巴汉传播开来。人们都说：'至今巴蜀好文雅，文翁之化也。'庚桑楚本来是个小小的役夫，却改变了石畏石累的风俗。我现在虽然只是一小小的县宰，但我还担负着国家的理想！如果我苟且赴期会、理文牍，这就不是我的本志啊！"于是，刘梁在北新城大起讲舍，聚集师生好几百人。他不管早晨还是夜晚都会亲自去劝诫，每每手执经卷，用考试评定优劣，这里俨然成为儒家的教化之地。刘梁的这些做法不但得到人们的称赞，而且朝廷也因为这个事情特召他入朝，授予他尚书郎一职。后来，刘梁也多次升迁，一直到了被任命为野王令，他还没有上任就不幸患病而死。

刘梁生前非常痛恨社会上那些很势利的朋友。他认为那些人不是真正的朋友，都是因为利益才相交的。甚至有不少人以奸邪、胡作非为结成党羽，危害社会。针对这种情况，刘梁写了一篇《破群论》。看过刘梁《破群论》的人，都说："以前，孔子写了一部《春秋》，让当时的乱臣贼子都惧怕不已；现在，刘梁写了这篇《破群论》，足以让那些世俗之士感到惭愧了。"可惜的是，这篇《破群论》到晋朝的时候失传了。后来，刘梁又写了《辩和同论》，主要阐发"和同概念"。"和"与"同"是古代哲学术语，春秋时期晏婴和史伯都曾对它们作过专门的论述。"和"，主要指通过争辩斗争而达到一致；"同"，主要指无原则地随声附和。刘梁的《辩和同论》认为"得由和兴，失由同起"，倡导以义至上的行为规范。

刘桢出生的时候，刘家家道中落，家庭陷入贫困。南北朝著名诗人谢灵运在其诗《拟魏太子邺中集诗刘桢》中写道：

卓荦偏人，而文最有气，所得颇经奇。

贫居晏里闬，少小长东平。

河兖当冲要，沦飘薄许京。

广川无逆流，招纳厕羣英。

北渡黎阳津，南登纪郢城。

既览古今事，颇识治乱情。

欢友相解达，敷奏究平生。

矧荷明哲顾，知深觉命轻。

朝游牛羊下，暮坐括揭鸣。

终岁非一日，传卮弄新声。

辰事既难谐，欢愿如今并。

唯羡肃肃翰，缤纷戾高冥。

其中“贫居晏里闬，少小长东平”，可见幼时刘桢生活之贫困。

刘桢的母亲是汉元帝时京兆尹王章之玄孙女，琴棋书画、诗词歌赋几乎样样精通。虽然家庭贫困，但母亲并没有因此放松对儿子的教育，而是把全部的希望寄托在儿子身上。刘桢在母亲的劝诫、督导与身教下非常刻苦地读书，以便能继承祖父的志向。终于，在5岁的时候，小小的刘桢居然能作诗了。不仅如此，到8岁的时候，刘桢就能背诵《论语》、《诗经》等经典，而且还能写上万字的赋文。因为刘桢记忆力非常地好，论应答也十分敏捷，因此被人们称为神童。

由于良好的家世以及母亲的严格教育和熏陶督导，随着年龄的增长，刘桢的学识和才干也一天天地丰富起来。就这样，刘桢慢慢地由神童变成了一个十足的才子。而此时，他的名声也越传越远。

第二节 结交王粲，掾属曹氏

文学家总会因为相似的气质而相互吸引。刘桢和王粲就是这样的例子。刘桢 8 岁的时候就能背诵《论语》、《诗经》等经典。而此时的王粲也同样过目不忘，博闻强识，他会背下道路石壁上的碑文，会复原被打乱的棋盘。在同样闻名乡里后，他们都知道对方的大名。终于在稍长时相见，二人成了朋友。当王粲作为蔡邕座上宾受人们瞩目时，刘桢的大名也传到曹操的耳中。建安中期，刘桢同应玚一起被曹操所征召，在曹操手下任职。公元 208 年（汉献帝建安十三年）春，刘桢被任命为军师祭酒。

刘桢出任丞相掾属后，非常高兴，因为自己终于有了施展身手的时候。这从他的《赠从弟》组诗就可以看出来。

其一

泛泛东流水，磷磷水中石。苹藻生其涯，华叶纷扰溺。

采之荐宗庙，可以羞嘉客。岂无园中葵，懿此出深泽。

其二

亭亭山上松，瑟瑟谷中风。风声一何盛，松枝一何劲！

冰霜正惨凄，终岁常端正。岂不罹凝寒？松柏有本性！

其三

凤凰集南岳，徘徊孤竹根。于心有不厌，奋翅凌紫氛。

岂不常勤苦，羞与黄雀群。何时当来仪，将须圣明君。

赠诗自汉开始蔚然成风一直繁衍到三国割据时期，但内容大多局限于抒朋友往还、别离之事。刘桢的这组赠从弟的诗，从内容上作了创新，加入勖勉之意，借“咏物”抒发自己的感慨。表面上，这组诗看似在处处咏物，其实处处都诉说与从弟相关之事。

《其一》通篇写“苹藻”。刘桢先是写苹藻生存的环境，说它生于那不断东流的河流中、磷磷突立的水中石头上。苹藻在那幽涧清流之上，出落得花叶缤纷。采摘此物，既可以作祭祀宗庙的佳品，也可以进献贵宾。说到此处，刘桢话锋一转，问道：“岂无园中葵？”园中的冬葵难道不也有这样的功能吗？然后作者自问自答式地说：“懿此出深泽！”苹藻的美好价值在于它出自深远的水泽，所以它更值得人们的赞美。最后两句显然是先抑后扬，刘桢表面上先用“百菜之主”园葵来压制苹藻，实质上则以苹藻之洁更胜园葵来褒扬苹藻生于幽泽而高洁脱俗的可贵品质。实际上看，这首诗是写苹藻，全无提及对从弟的任何劝诫或其他感情之流露。但仔细一想，一切都在这以物言志的诗句中，对从弟的勉励也自不用说了。

《其二》写的是松柏。一开始刘桢就用宏观的眼界描写出自己所见松柏的形态。那挺拔的松柏在山谷中迎着瑟瑟寒风而依然不为所动。接着用细腻的笔触写出松柏和那寒风的“搏斗”。风声愈凶猛，松枝愈发强劲。显然这寒风在寒风的猛烈攻击下毫不屈服，挺拔雄伟的形象就此而出。有可能刘桢觉得这样还不能突出松柏的高贵品行，就接着写道“冰霜正惨凄，终岁常端正”。除了寒风，还有冰霜也在折磨这高贵的松柏，但松柏“终岁”保持端正的姿态和挺拔的样式。同样，在末尾的时候，刘桢又自问自答。难道松柏没有遭受到这严寒霜冻的侵凌吗？不是的，但它依然青翠如故，这是由它的本性决定的。作者这样戛然收笔，让读者一时涵咏。

《其三》写的是凤凰。凤凰在庄子的笔下是展翅而起，从南海飞向北海，非梧桐不栖、非练实不食、非醴泉不饮的神鸟。《大戴礼记》也说凤凰是“非梧桐不栖，非练实不食”，足见其高洁。所以，刘桢在诗的开头写“凤凰集南岳，徘徊孤竹根”，也是表达这样的意思。虽然凤凰非梧桐不栖、非练实不食，但它不满足于“竹实”之食，继续奋展巨翼，想要掠过九霄的紫霞！庄子《逍遥游》中写道，当大鹏抟扶摇而上者九万里之际，学鸠之辈曾以其井蛙之见对大鹏以无知的嘲问。刘桢大概也有这样的想法，就说道，凤凰不避勤苦、投入搏击风云的斗争，就是羞于和那些黄雀那样的世俗之辈同流合污！和前两首如出一辙，作者在末尾又自问自答式地说道：这个神鸟什么时候才能归来呢？等到圣明的君主出现的时候它自然回来朝仪。

这组《赠从弟》用苹藻、松柏、凤凰一组事物来勉励从弟，让他具备这些事物高贵的品质。但同时，这三组事物，也有作者自己对自身希冀的隐喻。如“何时当来仪，将须圣明君”，就特别表达出作者刘桢建功立业、渴望明主的心情。可想而知，曹操将刘桢任命为军师祭酒后，他激动的心情。

公元 208 年（汉献帝建安十三年）夏，汉庭宣布罢原有三公之职，而设丞相和御史大夫。曹操被献帝任命为丞相，此时的军师祭酒刘桢被曹操任命为丞相掾属（掾属，即佐治的官吏）。被任命为丞相掾属后，刘桢颇感曹操的知遇之恩。同时他也以满腹热情怀着治国平天下的人生理想追随曹操南征北战，参谋军机要事。

公元211年（汉献帝建安十六年），刘桢被出任平原侯曹植庶子。没过多久，曹丕被封为五官中郎将、副丞相，刘桢也就改任五官中郎将文学，随侍曹丕。由于刘桢满腹才华，而且胸襟坦荡，因此不管是曹丕还是曹植都非常喜欢刘桢，甚至将刘桢引为知己，经常和他在一起诗赋酬唱。约在此时，刘桢作《赠五官中郎将诗四首》：

一

昔我从元后，整驾至南乡。

过彼丰沛郡，与君共翱翔。

四节相推斥，季冬风且凉。

众宾会广坐，明镫熺炎光。

清歌制妙声，万舞在中堂。

金罍含甘醴，羽觞行无方。

长夜忘归来，聊且为大康。

四牡向路驰，欢悦诚未央。

二

余婴沉痼疾，窜身清漳滨。

自夏涉玄冬，弥旷十余旬。

常恐游岱宗，不复见故人。

所亲一何笃，步趾慰我身。

清谈同日夕，情盼叙忧勤。

便复为别辞，游车归西邻。

素叶随风起，广路扬埃尘。

逝者如流水，哀此遂离分。

追问何时会，要我以阳春。

望慕结不解，贻尔新诗文。

勉哉修令德？北面自宠珍。

三

秋日多悲怀，感慨以长叹。

终夜不遑寐，叙意于濡翰。

明灯曜闺中，清风凄已寒。

白露涂前庭，应门重其关。

四节相推斥，岁月忽已殚。

壮士远出征，戎事将独难。

涕泣洒衣裳，能不怀所欢？

四

凉风吹沙砾，霜气何皑皑！

明月照缇幕，华灯散炎辉。

赋诗连篇章，极夜不知归。

君侯多壮思，文雅纵横飞。

小臣信顽卤，黾勉安能追！

《赠五官中郎将诗四首》的第一首是刘桢对建安十四年（公元209年）南征回谯的回忆。唐代学者李善在《文选》卷二十三注道："元后谓曹操也；至南乡谓征刘表也……丰沛汉高祖所居，以喻谯也；君谓五官也。”可以看出来在这首诗中，刘桢将汉高祖刘邦的丰沛郡喻作曹氏之故籍谯郡；第二首是作者写自己身患痼疾以及他对曹丕前来探望自己的感谢；第三首写秋日抒怀；最后一首用遥想作结，怀念曹丕在戎马之中仍挥毫遥寄自己，自己非常感念。这四首诗，基本上是以刘桢的个人经历为顺序，融叙事、写景、抒情于一体，用词真切，感情真挚，有非常强大的感染力。

《赠五官中郎将诗四首》中尤其以第二首和第三首诗写得精彩。如第二首诗写自己身患痼疾，在漳河边上养病（刘桢因身体经常患病而影响了对他的提拔。后用为咏卧病之典。唐代的韦嗣立《酬崔光禄冬日述怀赠答》诗：“为怜漳浦曲，沈痼有刘桢。”唐代李端《卧病寄苗员外》诗：“因恨刘桢病，空园卧见秋。”），而曹丕“所亲一何笃，步趾慰我身。清谈同日夕，情眄叙忧勤。”这说明曹丕在自己生病时还如此关心自己，使自己大为感动。刘桢面对曹丕的探望，同时表达出自己的感激：“情眄叙忧勤。”曹丕对自己的友情是多么深厚啊，身为五官中郎的曹丕居然劳动身躯亲自来看望自己。与自己终日亲切长谈不说，还情意悠长给自己关怀，让他大受感动。曹丕探视完自己后，向自己告别，驾车返回西邻。此时正是秋季，“素叶随风起，广路扬埃尘”，“追问何时会，要我以阳春”，相聚是多么让人兴奋，但分别也让人难过。君臣只能约定来年春天再聚。

第三首诗以悲秋开始，渲染终夜不寐、明灯曜闰、凄凉的秋风、满园白露等景象，然后不由得感觉到“岁月忽已殚”。时间悄悄地流逝，朋友就要远征，要独自面对一切艰难险阻，为国尽忠，而自己却一事无成。想到这里，作者竟“涕泣洒衣裳，能不怀所欢”，表达出自己对于西征友人的思念。

纵观这组诗，除了表现自己内心的孤寂之外，还有对曹丕这位亦君亦友的五官中郎将的思念与感激，可见刘桢与曹氏关系之密切。

第三节 受廓洛带，妙答调侃

刘桢和曹丕关系密切，身为五官中郎将的曹丕对刘桢也非常欣赏。甚至有一次，曹丕一时兴起，将自己经常佩戴的廓洛带解下来送给了刘桢。廓洛带又名郭洛带，据说此物是从东胡的鲜卑传入中原的。郭洛相传是一种瑞兽的名字，郭洛带大概就是带头或带扣上饰有郭洛这种瑞兽图案的腰带。这种带子的带头质地一般是由金、铜、贝等组成，而曹丕的这条腰带带扣当属金质的，所以相当珍贵。

曹丕把这么贵重东西送给了刘桢，足见他对刘桢的喜爱。但把廓洛带送出去没多久，曹丕就有些后悔了。他觉得把这么贵重的东西送给刘桢有些不妥，同时也非常不舍得这么贵重的宝贝。但宝物已经送出，断没有收回之礼。况且，曹丕是五官中郎将、副丞相，最有可能继承父亲大权的世子。如果做事反复，不能为臣子做表率不说，而且此时传到老百姓口中，也不利于自己的形象。所以，曹丕左思右想，想了好久，曹丕终于决定以调侃的形式，寄书一纸给刘桢，索要廓洛带。

曹丕在信中写道：“夫物，因人而贵，故在贱者之手，不御尊之侧。今虽取之，勿嫌其不反也。”意思是说：“凡是物品都是因人而分的贵贱。所以，好的东西放在下贱的人手里，还不如留在尊贵的人身旁。我今天虽然找你索要廓洛带，但你可不要怪我朝令夕改，言而无信。”

虽然说是调侃，但说起高低贵贱难免让人不快。而且曹丕的言辞含有轻蔑之意。其实这也无可厚非，因为古人非常讲究出身门第和等级的，以曹丕的身份说这样的话也算合理。也许是这封信极大地刺痛了刘桢的自尊心，也许是刘桢也想回击调侃。于是，刘桢也回信一封：“桢闻荆山之璞，曜元后之宝；隋侯之珠，烛众士之好；南垠之金，登窈窕之首；鼲貂之尾，缀侍臣之帻：此四宝者，伏朽石之下，潜污泥之中，而扬光千载之上，发彩畴昔之外，皆未能初自接于至尊也。夫尊者所服，卑者所修也；贵者所御，贱者所先也。故夏（厦）屋初成而大匠先立其下，嘉禾始熟而农夫先尝其粒。恨桢所带无他妙饰，若宝殊异，尚可纳也。而未尚听至尊赐而反索者也。”

刘桢在回信中，不卑不亢，以事实针锋相对地对曹丕进行了回答。他先列出荆山之璞、随侯之珠、南垠之金、凤鼲貂之尾这“四宝”，说这些宝物虽然埋于朽石、污泥之下，但也没有失去其宝器之光。

刘桢所说的“四宝”中的荆山之璞，指的就是人们耳熟能详的“和氏璧”。此宝物由春秋时期的“贱民”卞和在楚山发现，故名“和氏璧”。后来，这块宝物辗转到秦始皇手中之后，被秦国丞相李斯刻上了“受命于天，既寿永昌”八个字而成为秦朝的传国玉玺。西汉末年王莽篡位的时候，命令安阳侯王舜逼孝元太后交出这块玉玺，但孝元太后怒掷此玉玺于地，因此损坏掉了一角。

“四宝”中的随侯之珠，指的是古时随国的随侯在一次出游时，遇见一条被人打伤的巨蟒。随侯看见这条巨蟒，动了怜悯之心，便叫手下给这条蛇涂上药并包扎起来，将其送入草丛中。这条巨蟒伤愈后，口中衔着一颗宝珠来到随侯的住所，并将其吐到随侯的堂外。巨蟒对人们说：“我是龙王的儿子，感谢君侯救命之恩，特来报恩。”

南垠之金指的是南方荆扬一带所产的珍贵的铜。这种铜在古时叫南金。汉代学者郑玄曾说：“荆扬之州，贡金三品。”足见南垠之金的珍贵。

鼲貂之尾，指的是鼲貂的尾部。鼲貂的皮毛非常的珍贵，汉代侍臣常以鼲貂之尾为帽子上的装饰物。

在说了这四宝之后，刘桢接着说道，尊贵者所穿着的华美衣服和所用的东西，都是由那些所谓的卑贱者制作的。这就像宏伟的宫殿刚建成的时候总是工匠先站在下面、粮食成熟后是劳作的农夫先品尝它的滋味一样，驳斥了曹丕“物因人为贵”的偏见。最后，刘桢也以开玩笑的口吻说“恨桢所带（廓洛带）无他（名贵）妙饰，若宝（廓落带）殊异，尚可纳也”。直言自己的这条廓洛带没有什么珍贵的地方。而且，刘桢在结尾说自己从未听说过身份高贵的人送人东西又反过来索回的。这样，刘桢不仅维持了面子，反而以事实性的言辞回复了曹丕，巧妙地为自己的调侃解了围。

经过此番戏言性质的交锋，曹丕更加钦佩刘桢的才华，也没有再为腰带的事耿耿于怀了。就这样，刘桢和广陵陈琳、山阳王粲、北海徐干、陈留阮瑀、南顿应玚、汝南应砋、济阴吴质等人，一齐聚集在曹氏父子身边“傲雅觞豆之前，雍容衽席之上，洒笔以成酣歌，和墨以藉谈笑。……于学无所遗，于辞无所假。咸自以骋骐骥于千里，仰齐足而并驰”。

曹丕在《与吴质书》中提及和邺下诸子交游、饮宴赋诗、优游时的情景说：“既妙思‘六经’，逍遥百氏，弹棋闲设，终以博弈，高谈娱心，哀筝顺耳。驰骛北场，旅食南馆，浮甘瓜于清泉，沉朱李于寒水。白敫日既没，继以朗月，同乘并载，以游后园，舆轮徐动，宾从无声，清风夜起，悲笳微吟，乐往哀来，凄然伤怀。余顾而言，兹乐难常，足下之徒，咸以为然。今果分别，各在一方。”

刘桢加入曹氏集团后，不仅仅是成天在邺下和诸子交游，还参加了曹氏统一全国的诸多战争。他不但参加了建安五年曹操挫败袁绍执掌北方大权的官渡之战，而且参加曹操旨在消灭江东孙氏的赤壁之战，以及后来建安十四年曹操再征孙权的战争。在此期间，刘桢在曹操身边不断建言献策，有“大明体势之劲”。同时，刘桢在行军的途中和其他诸子一样做了一些诗赋。后来，孙权名义降汉，三国对峙的局面已成，刘桢的生活也渐渐平稳单调下来。此时，由曹操提倡、曹丕鼓励的文学热潮发展起来，刘桢也在其中创作了不少名篇佳作。创作让刘桢十分适意畅情。他和曹丕虽然像邺下诸子和曹操一样有主从之分，但关系要近亲得多。他们“行则同舆，止则接席”，“每至觞酌流行，丝竹并奏，酒酣耳热，仰而赋诗”。

第四节 平视甄后，获罪劳没

公元 211 年（汉献帝建安十六年），曹丕设宴请诸文学好友聚饮。大家喝到高兴处，说到畅怀时，曹丕竟然把自己的爱妃甄氏唤与大家佐酒祝兴。这个甄氏不是别人，正是之前袁绍为他的次子袁熙聘娶的儿媳。相传甄氏有着沉鱼落雁之美。公元 204 年（汉献帝建安九年），被曹操攻破冀州邺城后，曹丕见到甄氏美貌非凡，惊为天人。曹操看穿了儿子曹丕的心思，就为他迎娶了甄氏。婚后曹丕对甄氏甚为宠爱。甄氏也为曹丕生下儿子曹叡（后来的魏明帝）和女儿曹氏（即东乡公主）。

在古代，普通百姓的女家属被称为内眷，也就是说这些人只有自己在内室才能眷顾，外人很难看到。老百姓的女眷尚且如此，更别说贵为丞相的女家眷。那时帝王的女家属称为后宫，更不能轻易见外人。所以曹丕一时兴起，把自己的爱妃甄氏唤与大家佐酒，着实让很多人吃了一惊。甄氏一出场，就像一道霞光，射向在座的各位宾客。这时全场瞬间鸦雀无声，只见大家纷纷敛容端坐，大气都不敢出。显然，这些平日放浪不羁、高谈阔论的大名士们都被甄氏的美貌所震住了。这甄氏面含春风，如风摆荷柳地走在客人们的面前，按曹丕所讲一一为在座宾客斟酒。宾客们知道这是曹丕最宠幸的爱妃，也懂得当时的礼数，所以在斛酒的时候赶紧把头低下，不敢仰视甄氏。甄氏就这样一直到刘桢的面前。然而，刘桢并没有像其他人那样赶紧把头低下，也没有丝毫低头的意思，而是眼睛直直地看着甄氏。刘桢这个反常的举动让甄氏措手不及，她的脸一下子红了，然后匆匆地从刘桢的面前过去了。在座宾客看见刘桢的举动，同样也是惊愕不已。大家虽然惊愕，也没说什么，只是把眼光转向曹丕，想看曹丕怎么处理这个失敬的举动。可能曹丕饮酒过多，没有注意这个举动。也因为曹丕当时高兴，也就把这个事情忽略了。可是，过了两天，这个事情传到曹操的耳朵。曹操大怒，以“失敬”之罪将其抓捕，判处他死刑。刘桢就这样“失敬被刑”。

两天后，曹操怒气稍稍平息，又改变了主意，将刘桢“减死输作”，刘桢的性命保住了。刘桢获罪被捕后，特地写了首《赠徐干》诗送给好友徐干，表达自己的心情（前文已有分析）：

谁谓相去远？隔此西掖垣。
拘限清切禁，中情无由宣。
思子沉心曲，长叹不能言。
起坐失次第，一日三四迁。
步出北寺门，遥望西苑园。
细柳夹道生，方塘含清源。
轻叶随风转，飞鸟何翻翻。
乖人易感动，涕下与衿连。
仰视白日光，皦皦高且悬。
兼烛八纮内，物类无颇偏。

我独抱深感，不得与比焉。

收到刘桢的诗作后，徐干也特地写了首《答刘祯》来劝慰刘桢：

与子别无几，所经未一旬。

我思一何笃，其愁如三春。

虽路在咫尺，难涉如九关。

陶陶朱夏德，草木昌且繁。

后刘桢又写《赠徐干诗》“猥蒙惠咳吐。贶以雅颂声。高义厉青云。灼灼有表经”，以此表明心情。

最终，可能是曹丕等人的求情，刘桢被发落到输京洛之西石料厂磨石料。有次，曹操来到刘桢的磨石之处巡视。看见曹操来巡视，众人不管是官吏还是苦力者都匍匐在地劳作，战战兢兢，不敢仰视曹操。只有刘桢一人没有下跪，而是若无其事地照常劳作。曹操看到刘桢这样，勃然大怒，走到刘桢面前，责令刘桢放下劳作工具，厉声责道：“刘桢，你见孤为何不跪?”

刘桢并没有被曹操吓到，而是正言答道：“天下百姓皆知魏王您雄才大略。刘桢现在身为一个苦力，怎么敢蔑视大王？只是小民曾在魏王府侍奉魏王及诸子数年，那时常临魏王教诲，云做事当尽心竭力。若事成则王自喜，若事败则王亦辱。既然桢现为苦力，就该专研石料，研石是对魏王您的敬忠。所以，魏王来临桢才不敢辍手中活。”

魏王曹操听了刘桢的回答后，又问道：“那你磨的是什么石头?”

刘桢朗声回答道：“这些石头都从荆山的悬崖顶端采下来的，它看起来外面布满了五色的花纹，但里面却有和氏璧那样珍贵的宝物。这石头几经琢磨也不会增加明亮的光泽，即使是最好的雕刻技术也不会增加它的纹理。它的坚贞品行自然天成，不是人工所能改变的。分析它形成的原因，可能是因为长年枉屈缠绕而得不到伸张的缘故吧。”

刘桢就是用他自己独有的方式非常巧妙地利用这石头申述自己的冤屈。曹操当然知道刘桢的用意，所以对此笑笑，就顺势赦免了刘桢。

公元 214 年（汉献帝建安十九年），曹植被封为临淄侯，刘桢也被封为临淄侯庶子。在临淄侯庶子任上，刘桢做了《行女哀辞》、《仲雍哀辞》、《瓜赋》、《大暑赋》等作品。

公元 217 年（汉献帝建安二十二年），邺城爆发了大规模的疫情，很快蔓延起来，刘桢不幸染疫病故（徐干、陈琳、应玚等人也死于这场疫病）。得知刘桢逝世，曹丕非常伤心。他在第二年写给吴质的书信中写道：“岁月易得，别来行复四年。三年不见，《东山》犹叹其远，况乃过之，思何可支？……昔年（建安二十二年）疾疫，亲故多离（罹）其灾，徐（干）、陈（琳）、应（玚）、刘（桢），一时俱逝，痛何可言邪！昔日游处，行则同舆，止则接席，何尝须臾相失！每至觞酌流行，丝竹并奏，酒酣耳热，仰而赋诗。当此之时，忽然不自知乐也。”

刘桢死后，曹丕将其著作整理成集，取名《刘公干集》。南朝著名文学批评家钟嵘评价刘桢时说：“其源出于《古诗》。仗气爱奇，动多振绝。真骨凌霜，高风跨俗。但气过其文，雕润恨少。然自陈思已下，桢称独步。”钟嵘更是称他的《赠徐干》为“五言之警策也”。《汉魏六朝诗歌鉴赏集》中评价刘桢的诗：“思健功圆，以特有的清新刚劲，为人们所激赏。不仅称美于当世，并且光景常新，能楷模身后。”

第五节 思健功圆，楷模身后

曹丕虽然整理了《刘公干集》，但刘桢的作品还是在隋唐和宋代大量地流失了。直到现在，刘桢遗留的诗歌作品仅28首、赋作6篇，其他文章5篇，还有学术作品《毛诗义问》的一些残句。

刘桢的诗作以五言诗为主。曹丕曾称赞刘桢“其五言诗之善者、妙绝时人”。钟嵘等人也对刘桢的五言诗赞赏尤佳。在刘桢的现存诗作中，如果按所写的内容来看，可以大致以赠答诗、宴饮诗和杂诗来加以划分。

刘桢的《赠从弟》三首、《赠徐干诗》两首、《赠五官中郎将》诗四首，正是赠答诗的代表。这三组诗，或为勉励后辈表达自己的心意而作，或为畅叙友情、抒发心中郁结而作，或为表达对建功立业的渴望而作。无论是在写作内容上还是艺术表达上都极具代表性，是当时的上乘之作。

建安七子都是曹氏父子的属臣，实质是君臣关系，由于身份关系，他们经常参加曹氏父子举办的宫廷宴会，所以，这些人的诗作中有相当部分是宴饮时即兴创作或应命而坐的。很多评论家都认为这些宴饮诗大多属于“怜风月，狎池苑，述恩荣、叙酣宴”的作品，了无新意，而品质也大打折扣。这种说法很具有普遍性。客观来说，这种说法基本属实，但在这流于形式、纷杂的宴饮诗中也不乏精品。如刘桢的《公宴诗》：

永日行游戏，欢乐犹未央。
遗思在玄夜，相与复翱翔。
辇车飞素盖，从者盈路傍。
月出照园中，珍木郁苍苍。
清川过石渠，流波为鱼防。
芙蓉散其华，菡萏溢金塘。
灵鸟宿水裔，仁兽游飞梁。
华馆寄流波，豁达来风凉。
生平未始闻，歌之安能详？
投翰长叹息，绮丽不可忘。

这首《公宴诗》的特点很明显，它没有像一般的宴饮诗作那样去描写觥筹交错、谈笑风生等宴会常见之场景，而是独辟蹊径，把目光转向宴会举行后之西园。刘桢写道，自己虽然接受邀请而宴饮，但并未有多少乐趣，所以在夜间观察这西园的景色。只见月光洒金这园中，“珍木”、“清川”“石渠”、“芙蓉”、“菡萏”、“金塘”、“灵鸟”、“仁兽”、“华馆”一一映入自己眼帘。没有了宴会的嘈杂，却看见园中如此静穆、清淡的景色，不由得让自己感慨道：“生平未始闻，歌之安能详。”最后，作者才将自己心中郁结的情绪释放出来：“投翰长叹息，绮丽不可忘。”他为何叹息？又说什么不可忘？联系情境，不免让人觉得这更像是作者对曹氏父子不要沉溺于享乐的婉转劝慰。后世学者王夫之在评价这首诗时说道：“鲜润如今日之始构，《公宴》诸诗，如无公干，则当日群饮，酒肉气深，文章韵短矣。”可见后世对此诗的评价之高。

除了这首《公宴诗》，刘桢还创作了如《斗鸡诗》、《射鸢诗》这样的游乐诗作：

斗鸡诗

丹鸡被华采，双距如锋芒。

愿一扬炎威，会战此中唐。

利爪探玉除，瞋目含火光。

长翘惊风起，劲翮正敷张。

轻举奋勾喙，电击复还翔。

射鸢诗

鸣鸢弄双翼，飘飘薄青云。

我后横怒起，意气凌神仙。

发机如惊焱，三发两鸢连。

流血洒墙星，飞毛从风旋。

庶士同声赞，君射一何妍。

其中《斗鸡诗》中单纯地描写斗鸡来象征争强好胜的勇士，表达自己的向往之情。而《射鸢诗》则用阳刚之美来描写射鸢雄姿，具有一定的艺术特色。

除了宴饮诗作，刘桢还有一些杂诗、无题诗零散传世。其中，传布较广的为这首《杂诗》：

职事相填委，文墨纷消散。

驰翰未暇食，日昃不知晏。

沉迷簿领间，回回自昏乱。

释此出西域，登高且游观。

方塘含白水，中有凫与雁。

安得肃肃羽，从尔浮波澜。

此诗主要描写自己面对纷杂的工作，不自觉地头晕，然后出城赏景的事情，表现自己对日复一日枯燥的政令工作的厌倦。

后世评论者从刘桢诗歌的格调、情感和意境三个方面分析其艺术特点，指出其诗作格调高峻、情采丰富、意境凄清。当然也有“壮而不密”、“仗义爱奇”等评价。钟嵘在《诗品序》说：“曹公父子，笃好斯文；平原兄弟郁为文栋，刘桢、王粲为其羽翼。”足见刘桢文学创作的贡献之大。除了诗作，刘桢也有不少赋作，如《鲁都赋》、《黎山阳赋》、《遂志赋》、《瓜赋》、《大署赋》、《清虑赋》等比较著名。《文心雕龙·注释》说他的赋文风格“积极于宣时，校阅于世，进御之赋千有余首”。

其中《遂志赋》写道：“幸遇明后，因志东倾，披此丰草，乃命小生，生之小矣。何兹云当，牧马于路，役车低昂，怆恨恻切，我独西行，去峻溪之鸿洞，观日日于朝阳，释蘽棘之于刺，践槚林之柔芳，皦玉粲以曜目，荣日华以舒光，信此山之多灵，何神分之煌煌，聊且游观，周历高岑，仰攀高枝，侧身遗阴，磷磷磵磵，以广其心，伊天皇之树叶，必结根于仁方，梢吴夷於东隅，掣畔臣乎南荆，戢干戈于内库，我马絷而不行，扬洪恩于无涯，听颂声之洋洋，四宇尊以无为，玄道穆以普将，翼俊乂于上列，退仄陋于下场，袭初服之芜秽，讬蓬芦以游翔，岂放言而云尔，乃旦夕之可忘?”

《遂志赋》顾名思义，阐明了自己的志向，直言自己希望曹公孟德能重用贤才、最终统一天下、实现无为而治的大同社会。而且透露，那时自己将功成身退，“袭初服之芜薉，讬蓬芦以游翔”，过上平凡人的生活。他的这种想法，大大超出同时代只知建立功业的同行，以胸怀天下的高尚情怀、功成身退的旷达情操而值得人们学习。

总体来说，刘桢的赋作一改一般人粉饰太平的世俗写法，以极为清新的笔调和那巧夺天工技艺、朴实而又深度的语言，或讥讽时事，或咏物抒情，基本实现了汉赋的内容由宫廷向社会、由帝王向平民的转换。其赋作的篇幅也一般短小精悍，代表着汉赋由长篇宏制向短小精粹转变的方向，为后世文学的发展开了先河。

刘桢作为“建安七子”之一，在推动建安文风发展方面的贡献尤为可贵。他不但在建安时代的文坛据有重要的位置，而且对后世的左思、陶渊明、陈子昂乃至杜甫的文学创作都产生了巨大的影响。

左思是西晋非常著名的文学家，他历时10年写成《三都赋》，造成“洛阳纸贵”的盛况。左思在写成《三都赋》之前先是花了一年的时间写了《齐都赋》。《齐都赋》写完后，左思就想写《三都赋》。恰好这个时候他的妹妹左棻被召入宫中，于是，左思全家搬到京城。左思构思《三都赋》，就去拜访身在京城的张载，向其讨教四川的情况，后又向其他人搜集资料。这样左思就在自己的家门口、庭院和厕所中都随处摆放着笔和纸，一有相关字句，就马上记录下来。为了扩展视野，左思主动请缨担任秘书郎一职。10年过去了，《三都赋》成功问世，但并未引起足够重视。左思知道自己的这篇赋作丝毫不输赋作大家班固、张衡，很不甘心《三都赋》就这样埋没了。左思思考一番，就拿着自己的这篇作品去拜访当时很有名气的文人皇甫谧。皇甫谧看了《三都赋》，不停地称赞这篇赋写得好，并为这篇赋写了序。左思的赋作渐渐被人们知道，就连当时著名的文学家陆机读罢此文都从心底叹服左思的才情。左思的《三都赋》就这样被人们知道，并追捧。钟嵘在评价左思的作品时说道：“其（左思的作品）源于公干、文典以怨，颇为精切，得讽喻之致。虽野于陆机，而深于潘岳。”

左思性格傲岸、诗意豪迈、极重诗气，又善用对比手法，如其《咏史诗》笔力苍劲、气势恢宏是对建安风骨很好的继承，也很难说不是受到刘桢的影响。总体来说，刘桢是建安时代一位非常重要的文学巨擘，他不仅在文学领域佳绩不断，还有着独特的个人高尚的气节，也值得后人永远学习。

附录：建安七子作品（部分）

1《荐祢衡表》孔融

2《与曹操论酒禁书》孔融

3《论盛孝章书》孔融

4《为袁绍檄豫州文》陈琳

5《饮马长城窟行》陈琳

6《七哀诗》王粲

7《登楼赋》王粲

8《序征赋》徐干

9《室思》徐干

10《咏史诗》阮瑀

11《驾出北郭门行》阮瑀

12《为曹公作书与孙权》阮瑀

13《弈势》应玚

14《西狩赋》应玚

15《文质论》应玚

16《报庞惠恭书》应玚

17《赠从弟》刘桢

18《遂志赋》刘桢

《荐祢衡表》

孔融

臣闻洪水横流，帝思俾乂，旁求四方，以招贤俊。昔世宗继统，将弘祖业，畴咨熙载，群士响臻。陛下睿圣，纂承基绪，遭遇厄运，劳谦日昃。惟岳降神，异人并出。

窃见处士平原祢衡，年二十四，字正平，淑质贞亮，英才卓跞。初涉艺文，升堂睹奥，目所一见，辄诵于口，耳所暂闻，不忘于心，性与道合，思若有神。弘羊潜计，安世默识，以衡准之，诚不足怪。忠果正直，志怀霜雪，见善若惊，疾恶如仇。任座抗行，史鱼厉节，殆无以过也。鸷鸟累百，不如一鹗。使衡立朝，必有可观。飞辩骋辞，溢气坌涌，解疑释结，临敌有余。

昔贾谊求试属国，诡系单于；终军欲以长缨，牵致劲越，弱冠慷慨，前代美之。近日路粹、严象，亦用异才，擢拜台郎，衡宜与为比。如得龙跃天衢，振翼云汉，扬声紫微，垂光虹蜺，足以昭近署之多士，增四门之穆穆。钧天广乐，必有奇丽之观；帝室皇居，必蓄非常之宝。若衡等辈，不可多得。《激楚》、《阳阿》，至妙之容，掌技者之所贪；飞兔、骒褭，绝足奔放，良、乐之所急。臣等区区，敢不以闻！

陛下笃慎取士，必须效试。乞怜衡以褐衣召见。无可观采，臣等受面欺之罪。

《与曹操论酒禁书》

孔融

公初当来，邦人咸抃舞踊跃，以望我后。亦既至止，酒禁施行。酒之为德久矣。古先哲王，类帝禋宗，和神定人，以济万国，非酒莫以也。故天垂酒星之燿，地列酒泉之郡，人著旨酒之德。尧不千钟，无以建太平；孔非百觚，无以堪上圣；樊哙解厄鸿门，非豕肩钟酒无以奋其怒；赵之厮养，东迎其王，非引卮酒无以激其气。高祖非醉斩白蛇，无以畅其灵；景帝非醉幸唐姬，无以开中兴。袁盎非醇醪之力，无以脱其命；定国不酣饮一斛，无以决其法。故郦生以高阳酒徒，著功于汉；屈原不餔醩醨，取困于楚。由是观之，酒何负于政哉？

《论盛孝章书》

孔融

岁月不居，时节如流。五十之年，忽焉已至。公为始满，融又过二。海内知识，零落殆尽，惟会稽盛孝章尚存。其人困于孙氏，妻孥湮没，单孑独立，孤危愁苦。若使忧能伤人，此子不得复永年矣！

《春秋传》曰："诸侯有相灭亡者，桓公不能救，则桓公耻之。"今孝章实丈夫之雄也，天下谈士依以扬声，而身不免于幽执，命不期于旦夕，是吾祖不当复论损益之友，而朱穆所以绝交也。公诚能驰一介之使，加咫尺之书，则孝章可致，友道可弘矣。

今之少年，喜谤前辈，或能讥评孝章。孝章要为有天下大名，九牧之人，所共称叹。燕君市骏马之骨，非欲以骋道里，乃当以招绝足也。惟公匡复汉室，宗社将绝，又能正之。正之之术，实须得贤。珠玉无胫而自至者，以人好之也，况贤者之有足乎？昭王筑台以尊郭隗，隗虽小才，而逢大遇，竟能发明主之至心，故乐毅自魏往，剧辛自赵往，邹衍自齐往。向使郭隗倒县而王不解，临溺而王不拯，则士亦将高翔远引，莫有北首燕路者矣。凡所称引，自公所知，而复有云者，欲公崇笃斯义也。因表不悉。

《为袁绍檄豫州文》

陈琳

左将军领豫州刺史、郡国相、守：盖闻明主图危以制变，忠臣虑难以立权。是以有非常之人，然后有非常之事；有非常之事，然后立非常之功。夫非常者，固非常人所拟也。曩者强秦弱主，赵高执柄，专制朝权，威福由己。时人迫胁，莫敢正言，终有望夷之败，祖宗焚灭，污辱至今，永为世鉴。及臻吕后季年，产、禄专政，内兼二军，外统梁、赵，擅断万机，决事省禁，下陵上替，海内寒心。于是绛侯、朱虚，兴兵奋怒，诛夷逆暴，尊立太宗，故能王道兴隆，光明显融。此则大臣立权之明表也。

司空曹操祖父，故中常侍腾，与左悺、徐璜并作妖孽，饕餮放横，伤化虐民。父嵩，乞匄携养，因赃假位，舆金辇璧，输货权门，窃盗鼎司，倾覆重器。操赘阉遗丑，本无懿德，犭票狡锋协，好乱乐祸。幕府董统鹰扬，扫除凶逆。续遇董卓侵官暴国，于是提剑挥鼓，发命东夏，收罗英雄，弃瑕取用。故遂与操同谘合谋，授以裨师，谓其鹰犬之才，爪牙可任。至乃愚佻短略，轻进易退，伤夷折衄，数丧师徒；幕府辄复分兵命锐，修完补辑，表行东郡太守、领兖州刺史，被以虎文，授以偏师奖，蹴威柄，冀获秦师一克之报。而操遂承资跋扈，恣行凶忒，割剥元元，残贤害善。故九江太守边让，英才俊伟，天下知名，直言正色，论不阿谄，身首被枭悬之诛，妻孥受灰灭之咎。自是士林愤痛，民怨弥重。一夫奋臂，举州同声，故躬破于徐方，地夺于吕布，彷徨东裔，蹈据无所。幕府惟强干弱枝之义，且不登叛人之党，故复援旌擐甲，席卷起征，金鼓响振，布众奔沮。拯其死亡之患，复其方伯之位，则幕府无德于兖土之民，而有大造于操也。

后会銮驾返旆，群虏寇攻。时冀州方有北鄙之警，匪遑离局，故使从事中郎徐勋就发遣操，使缮修郊庙，翊卫幼主。操便放志专行，胁迁当御省禁，卑侮王室，败法乱纪，坐领三台，专制朝政，爵赏由心，刑戮在口，所爱光五宗，所恶灭三族，群谈者受显诛，腹议者蒙隐戮。百僚钳口，道路以目，尚书记朝会，公卿充员品而已。故太尉杨彪，典历二司，享国极位。操因缘眦睚，被以非罪，榜楚参并，五毒备至，触情任忒，不顾宪纲。又议郎赵彦，忠谏直言，义有可纳，是以圣朝含听，改容加饰。操欲迷夺时明，杜绝言路，擅收立杀，不俟报闻。又梁孝王，先帝母昆，坟陵尊显，桑梓松柏，犹宜肃恭。而操帅将吏士，亲临发掘，破棺裸尸，掠取金宝。至令圣朝流涕，士民伤怀！操又特置发丘中郎将、摸金校尉，所遇隳突，无骸不露。

身处三公之位，而行桀虏之态，污国虐民，毒施人鬼！加其细致苛惨，科防互设；罾缴充蹊，坑阱塞路，举手挂网罗，动足触机陷，是以兖、豫有无聊之民，帝都有吁嗟之怨。历观载籍，无道之臣贪残酷烈，于操为甚！

幕府方诘外奸，未及整训，加绪含容，冀可弥缝。而操豺狼野心，潜包祸谋，乃欲摧挠栋梁，孤弱汉室，除灭忠正，专为枭雄。往者伐鼓北征公孙瓒，强寇桀逆，拒围一年。操因其未破，阴交书命，外助王师，内相掩袭，故引兵造河，方舟北济。会其行人发露，瓒亦枭夷，故使锋芒挫缩，厥图不果。今乃大军过荡西山，屠各、左校皆束手奉质净为前登，犬羊残丑，消沦山谷。于是操师震慴，晨夜逋循，屯据仓，阻河为固，欲以螳螂之斧，御隆车之隧。

幕府奉汉威灵，折冲宇宙，长戟百万，胡骑千群，奋中黄、育、获之士，骋良弓劲弩之势，并州越太行，青州涉济、漯。大军泛黄河而角其前，荆州下宛、叶而掎其后，雷震虎步，若举炎火以焫飞蓬，覆沧海以沃熛炭，有何不灭者哉！又操军吏士，其可战者，皆出自幽、冀，或故营部曲，咸怨旷思归，流涕北顾。其余兖、豫之民，及吕布、张杨之遗众，覆亡迫胁，权时苟从，各被创夷，人为仇敌。若回旆方徂，登高冈而击鼓吹，扬素挥以启降路，必土崩瓦解，不俟血刃。

方今汉室陵迟，纲维弛绝。圣朝无一介之辅，股肱无折冲之势，方畿之内，简练之臣皆垂头搨翼，莫所凭恃。虽有忠义之佐，胁于暴虐之臣，焉能展其节？又操持部曲精兵七百，围守宫阙，外托宿卫，内实拘执，惧其篡逆之萌，因斯而作。此乃忠臣肝脑涂地之秋，烈士立功之会，可不勖哉！

操又矫命称制，遣使发兵，恐边远州郡，过听给与，强寇弱主，违众旅叛，举以丧名，为天下笑，则明哲不取也。即日幽、并、青、冀四州并进。书到，荆州便勒见兵，与建忠将军协同声势；州郡各整义兵，罗落境界，举师扬威，并匡社稷，则非常之功，于是乎著。

其得操首者，封五千户侯，赏钱五千万。部曲偏裨将校诸吏降者，勿有所问。广宜恩信，班扬符赏，布告天下，咸使知圣朝有拘迫之难。

如律令！

《饮马长城窟行》

陈琳

饮马长城窟，水寒伤马骨。
往谓长城吏："慎莫稽留太原卒！"
"官作自有程，举筑谐汝声！"
男儿宁当格斗死，何能怫郁筑长城？
长城何连连，连连三千里。
边城多健少，内舍多寡妇。
作书与内舍："便嫁莫留住。
善待新姑嫜，时时念我故夫子！"
报书往边地："君今出语一何鄙？"
"身在祸难中，何为稽留他家子？"
生男慎莫举，生女哺用脯。
君独不见长城下，死人骸骨相撑拄。
"结发行事君，慊慊心意关。
明知边地苦，贱妾何能久自全？"

《七哀诗》

王粲

其一

西京乱无象，豺虎方遘患。

复弃中国去，委身适荆蛮。

亲戚对我悲，朋友相追攀。

出门无所见，白骨蔽平原。

路有饥妇人，抱子弃草间。

顾闻号泣声，挥涕独不还。

“未知身死处，何能两相完？”

驱马弃之去，不忍听此言。

南登霸陵岸，回首望长安。

悟彼下泉人，喟然伤心肝。

其二

荆蛮非我乡，何为久滞淫？

方舟溯大江，日暮愁我心。

山冈有余映，岩阿增重阴。

狐狸驰赴穴，飞鸟翔故林。

流波激清响，猴猿临岸吟。

迅风拂裳袂，白露沾衣衿。

独夜不能寐，摄衣起抚琴。

丝桐感人情，为我发悲音。

羁旅无终极，忧思壮难任。

其三

边城使心悲，昔吾亲更之。

冰雪截肌肤，风飘无止期。

百里不见人，草木谁当迟。

登城望亭燧，翩翩飞戍旗。

行者不顾返，出门与家辞。

子弟多俘虏，哭泣无已时。

天下尽乐土，何为久留兹？

蓼虫不知辛，去来勿与谘。

《登楼赋》

王粲

登兹楼以四望兮，聊暇日以销忧。览斯宇之所处兮，实显敞而寡仇。挟清漳之通浦兮，倚曲沮之长洲。背坟衍之广陆兮，临皋隰之沃流。北弥陶牧，西接昭丘。华实蔽野，黍稷盈畴。虽信美而非吾土兮，曾何足以少留！

遭纷浊而迁逝兮，漫逾纪以迄今。情眷眷而怀归兮，孰忧思之可任？凭轩槛以遥望兮，向北风而开襟。平原远而极目兮，蔽荆山之高岑。路逶迤而修迥兮，川既漾而济深。悲旧乡之壅隔兮，涕横坠而弗禁。昔尼父之在陈兮，有

"归欤"之叹音。钟仪幽而楚奏兮，庄舄显而越吟。人情同于怀土兮，岂穷达而异心！

惟日月之逾迈兮，俟河清其未极。冀王道之一平兮，假高衢而骋力。惧匏瓜之徒悬兮，畏井渫之莫食。步栖迟以徙倚兮，白日忽其将匿。风萧瑟而并兴兮，天惨惨而无色。兽狂顾以求群兮，鸟相鸣而举翼。原野阒其无人兮，征夫行而未息。心凄怆以感发兮，意忉怛而憯恻。循阶除而下降兮，气交愤于胸臆。夜参半而不寐兮，怅盘桓以反侧。

《序征赋》

徐干

余因兹以从迈兮，聊畅目乎所经，观庶士之缪殊，察风流之浊清。浴江浦以左转，涉云梦之无陂。从青冥以极望，上连薄乎天维。刊梗林以广涂，慎沮洳以高蹊。揽循环其万艘，亘千里之长湄。行兼时而易节，迄玄气之沮微。道苍神之受谢，逼鹑鸟之将栖。虑前事之既终，亦何为乎久稽。乃振旅以复踪，溯朔风而北归。及中区以释勤，超栖迟而无依。

《室思》

徐干

其一

沉阴结愁忧，愁忧为谁兴？

念与君相别，各在天一方。

良会未有期，中心摧且伤。

不聊忧飧食，慊慊常饥空。

端坐而无为，髣髴君容光。

其二

峩峩高山首，悠悠万里道。

君去日已远，郁结令人老。

人生一世间，忽若暮春草。

时不可再得，何为自愁恼？

每诵昔鸿恩，贱躯焉足保。

其三

浮云何洋洋，愿因通吾辞。

飘飖不可寄，徙倚徒相思。

人离皆复会，君独无返期。

自君之出矣，明镜暗不治。

思君如流水，何有穷已时。

其四

惨惨时节尽，兰华凋复零。

喟然长叹息，君期慰我情。

辗转不能寐，长夜何绵绵！

蹑履起出户，仰观三星连。

自恨志不遂，泣涕如涌泉。

其五

思君见巾栉，以益我劳勤。

安得鸿鸾羽，觏此心中人。

诚心亮不遂，搔首立悁悁。

何言一不见，复会无因缘。

故如比目鱼，今隔如参辰。

其六

人靡不有初，想君能终之。

别来历年岁，旧恩何可期。

重新而忘故，君子所尤讥。

寄身虽在远，岂忘君须臾？

既厚不为薄，想君时见思。

《咏史诗》

阮瑀

其一

误哉秦穆公，身没从三良。

忠臣不违命，随躯就死亡。

低头窥圹户，仰视日月光。

谁谓此可处，恩义不可忘。

路人为流涕，黄鸟鸣高桑。

其二

燕丹善勇士，荆轲为上宾。

图尽擢匕首，长驱西入秦。

素车驾白马，相送易水津。

渐离击筑歌，悲声感路人。

举坐同咨嗟，叹气若青云。

《驾出北郭门行》

阮瑀

驾出北郭门，马樊不肯驰。下车步踟蹰，抑折枯杨枝。

顾闻丘林中，嗷嗷有悲啼。借问啼者出：“何为乃如斯？”

“亲母舍我殁，后母憎孤儿。饥寒无衣食，举动鞭捶施。

骨消肌肉尽，体若枯树皮。藏我空室中，父还不能知。

上冢察故处，存亡永别离。亲母何可见？泪下声正嘶。

弃我于此间，穷厄岂有赀！”传告后代人，以此为明规。

《为曹公作书与孙权》

阮瑀

离绝以来，于今三年，无一日而忘前好，亦犹姻媾之义，恩情已深，违异之恨，中间尚浅也。孤怀此心，君岂同哉？每览古今所由改趣，因缘侵辱，或起瑕衅，心忿意危，用成大变。若韩信伤心于失楚，彭宠积望于无异，卢绾嫌畏于已隙，英布忧迫于情漏，此事之缘也。孤与将军恩如骨肉，割授江南，不属本州，岂若淮阴捐旧之恨？抑遏刘馥，相厚益隆，宁放朱浮显露之奏？无匿张胜贷故之变，匪有阴构贲赫之告，固非燕王、淮南之衅也。而忍绝王命，明弃硕交，实为佞人所构会也。夫似是之言，莫不动听，因形设象，易为变观。示之以祸难，激之以耻辱，大丈夫雄心，能无愤发！昔苏秦说韩，羞以牛后，韩王按剑，作色而怒；虽兵折地割，犹不为悔，人之情也。仁君年壮气盛，绪信所嬖，既惧患至，兼怀忿恨，不能复远度孤心，近虑事势，遂赍见薄之决计，秉翻然之成议。加刘备相扇扬，事结衅连，推而行之，想畅本心，不愿于此也。孤之薄德，位高任重，幸蒙国朝将泰之运，荡平天下，怀集异类，喜得全功，长享其福。而姻亲坐离，厚援生隙，常恐海内多以相责，以为老夫苞藏祸心，阴有郑武取胡之诈，乃使仁君翻然自绝，以是忿忿，怀惭反侧，常思除弃小事，更申前好，二族俱荣，流祚后嗣，以明雅素。中诚之效，抱怀数年，未得散意。昔赤壁之役，遭离疫气，烧船自还，以避恶地，非周瑜水军所能抑挫也；江陵之守，物尽谷殚，无所复据，徙民还师，又非瑜之所能败也。荆土本非己分，我尽与君，冀取其余，非相侵肌肤，有所割损也。思计此变，无伤于孤，何必自遂于此，不复还之？高帝设爵以延田横，光武指河而誓朱鲔，君之负累，岂如二子？是以至情，愿闻德音。往年在谯，新造舟船，取足自载，以至九江，贵欲观湖漅之形，定江滨之民耳，非有深入攻战之计。将恐议者大为已荣，自谓策得，长无西患，重以此故，未肯回情。然智者之虑，虑于未形；达者所规，规于未兆。是故子胥知姑苏之有麋鹿，辅果识智伯之为赵禽；穆生谢病，以免楚难；邹阳北游，不同吴祸。此四士者，岂圣人哉？徒通变思深，以微知著耳。以君之明，观孤术数，量君所据，相计土地，岂势少力乏，不能远举，割江之表，宴安而已哉？甚未然也。若恃水战，临江塞要，欲令王师终不得渡，亦未必也。夫水战千里，情巧万端，越为三军，吴曾不御，汉潜夏阳，魏豹不意。江河虽广，其长难卫也。凡事有宜，不得尽言，将修旧好而张形势，更无以威胁重敌人。然有所恐，恐书无益。何则？往者军逼而自引还，今日在远而兴慰纳，辞逊意狭，谓其力尽，适以增骄，不足相动。但明效古，当自图之耳。昔淮南信左吴之策，隗嚣纳王元之言，彭宠受亲吏之计，三夫不寤，终为世笑；梁王不受诡胜，窦融斥逐张玄，二贤既觉，福亦随之，愿君少留意焉。若能内取子布，外击刘备，以效赤心，用复前好，则江表之任，长以相付，高位重爵，坦然可观，上令圣朝无东顾之劳，下令百姓保安全之祸，君享其荣，孤受其利，岂不决哉！若忽至诚，以处侥幸，婉彼二人，不忍加罪，所谓小人之仁，大仁之贼，大雅之人不肯为此也。若怜子布，愿言俱存，亦能倾心去恨，顺君之情，更与从事，取其后善，但禽刘备，亦足为效。开设二者，审处一焉。闻荆、扬诸将，并得降者，皆言交州为君所执，豫章距命，不承执事，疫旱并行，人兵减损，各求进军，其言云云。孤闻此言，未以为悦。然道路既远，降者难信，幸人之灾，君子不为。且又百姓，国家之有，加怀区区，乐欲崇和，庶几明德，来见昭副。不劳而定，于孤益贵。是故按兵守次，遣书致意。古者兵交，使在其中，愿仁君及孤，虚心回意，以应诗人补衮之叹，而慎《周易》牵复之义。濯鳞清流飞翼天衢，良时在兹，勖之而已。

《弈势》

应玚

盖棋弈之制，所由来尚矣。有像军戎战阵之纪，旌旗既列，权虑蜂起，络绎雨集，鱼鳞雁峙，奋维阐翼，固卫边鄙，寇动北叠，备在南尾。或饰遁为旋，卓轹軿列，羸师延敌，一乘虚绝，归不得舍，两见擒灭，淮阴之谟，拔旗之势也。或匡设无常，寻变应危，寇动北垒，备在南麾，中棋既捷，四表自亏，亚夫之智，耿弇之奇也。或假道四布，周爰繁昌，云合星罗，侵逼郊场，师弱众寡，临据孤亡，披扫强御，广略土疆，昆阳之威，官渡之方也。挑诱既战，见欺敌对，纷拿相救，不量进退，群聚俱陨，力行唐突，瞋目恚愤，覆局崩溃，项将之咎，楚怀之悖也。时或失谬，收奔摄北，还自保固，完聚补塞，见可而进，先负后克，燕昭之贤，齐项之德也。长驱驰逐，见利忘害，轻敌寡备，所丧弥大，临疑犹豫，算虑不详，苟贪少获，不知所亡，当断不断，还为所谋，项羽之失，吴王之尤也。持棋相守，莫敢先动，由楚、汉之兵，相拒索、巩也。

《西狩赋》

应玚

伊炎汉之建安，飞龙跃乎天衢。皇宰弈而陶运，树匡翼而大摹。荡无妄之氛秽，扬威灵乎八区。开九土之旧迹，暨声教于海隅。时霜凄而淹野，寒风肃而川逝。草木纷而摇荡，鸷鸟别而高厉。既乃拣吉日，练嘉辰。清风矢戒，屏翳收尘。于是魏公乃乘雕辂，驷飞黄，拥箫钲，建九幢。按辔清途，飒沓风翔。属车轇轕，羽骑腾骧。于是围网周舍，雷鼓天震。千乘长罗，万表星陈。双翼伉旌，八校祖分。长燧电举，高烟蔽云。尔乃徒舆并兴，方轨连质。惊飚四骇，冲禽惊溢。骋兽塞野，飞鸟蔽日。尔乃赴玄谷，陵崇峦，俯掣奔猴，仰捷飞猿。云幕被于广野，京燎照乎平原。醴炰充给，洪施普宣。

《文质论》

应玚

盖皇穹肇载，阴阳初分，日月运其光，列宿曜其文，百谷丽于土，芳华茂于春。是以圣人合德天地，禀气淳灵，仰观象于玄表，俯察式于群形，穷神知化，万物是经。故否泰易趋，道无攸一，二政代序，有文有质。若乃陶唐建国，成周革命，九官咸乂，济济休令，火龙黼黻，䪢韡于廊庙，衮冕旂旒，弈乎朝廷，冠德百王，莫参其政。是以仲尼叹“焕乎”之文，从“郁郁”之盛也。夫质者端一玄静，俭啬潜化利用。承清泰，御平业，循轨量，守成法。至乎应天顺民，拨乱夷世。摛藻奋权，赫奕丕烈，纪禅协律，礼仪焕列，览坟丘于皇代，建不刊之洪制。显宣尼之典教，探微言之所弊。必将游玩于左右，振饰于宫房，岂争牢伪之势、金布之刚乎！且少言辞者，孟僖所以答郊劳也；寡智见者，庆氏所以困相鼠也。今子弃五典之文，暗礼智之大，信管、望之小，寻老氏之蔽，所谓循轨常趋，未能释连环之结也。且高帝龙飞丰沛，虎据秦楚，唯德是建，唯贤是与。陆、郦摛其文辩，良、平奋其权谞，萧何创其章律，叔孙定其庠序，周樊展其忠教，韩彭列其威武。明建天下者，非一士之术；营宫庙者，非一匠之矩也。逮自高后乱德，损我宗刘。朱虚轸其虑，辟疆释其忧，曲逆规其模，郦友诈其游，袭据北军，实赖其畴。冢嗣之不替，实四老之由也。夫谏则无议以陈，问则服汗沾濡，岂若陈平敏对，叔孙据书？言辨国典，辞定皇居，然后知质者之不足，文者之有余哉。

《报庞惠恭书》

应玚

夫《萧艾》之歌，发于信宿，《子衿》之思，起于嗣音，况实三载，能不有怀。虽萱草树背，皋苏在侧，悒愤不逞，祇以增毒。朝隐之官，宾不往来，乔木之下，旷无休息，抱劳而已。足下剖符南面，振威千里，行人子羽，朝夕相继。曾不枉咫尺之路，问蓬室之旧，过意赐书，辞不半纸，慰藉轻于缯缟，讥望重于丘山，是《角弓》之诗所以为刺也。值鹭羽于苑丘，骋骏足于株林，发明月之辉光，照妖人之窈窕。斯亦所以眩耳目之观听，亡身命于知友者也。

《赠从弟》

刘桢

其一

泛泛东流水，磷磷水中石。苹藻生其涯，华叶纷扰溺。

采之荐宗庙，可以羞嘉客。岂无园中葵，懿此出深泽。

其二

亭亭山上松，瑟瑟谷中风。风声一何盛，松枝一何劲！

冰霜正惨凄，终岁常端正。岂不罹凝寒？松柏有本性！

其三

凤凰集南岳，徘徊孤竹根。于心有不厌，奋翅凌紫氛。

岂不常勤苦，羞与黄雀群。何时当来仪，将须圣明君。

《遂志赋》

刘桢

幸遇明后，因志东倾。披此丰草，乃命小生。生之小矣，何兹云当。牧马于路，役车低昂。怆恨恻切，我独西行。去峻溪之鸿洞，观日日于朝阳，释蘽棘之余刺，践槚林之柔芳。皦玉粲以曜目，荣日华以舒光。信此山之多灵，何神分之煌煌。聊且游观，周历高岑。仰攀高枝，侧身遗阴。磷磷磵磵，以广其心。伊天皇之树叶，必结根于仁方。梢吴夷于东隅，掣畔臣乎南荆。戢干戈于内库，我马絷而不行。扬洪恩于无涯，听颂声之洋洋。四宇尊以无为，玄道穆以普将。翼俊乂于上列，退仄陋于下场，袭初服之芜秽，讬蓬芦以游翔，岂放言而云尔，乃旦夕之可忘。